*Pensando una Economía Diferente*

# Índice

**Breve Introducción**     2
**Capítulo 1: Filosofía Aplicada**     4
**Capítulo 2: Tópicos en Economía Aplicada**     21
**Capítulo 3: Economía de las Desigualdades**     40
**Capítulo 4: Crecimiento por Diferenciación**     42
**Capítulo 5: Estructura del Valor de las Monedas Internacionales**     60
**Capítulo 6: Impactos Positivos de la Economía Informal**     65
**Capítulo 7: Objetividad dentro de la Subjetividad**     73
**Palabras de Cierre**     77
**Bibliografía**     78

## Breve Introducción

Quizás te has preguntado: ¿qué estudian los economistas?, ¿para qué sirve?, y si no lo has hecho, entonces de seguro te has enfrentado en tu vida personal a preguntas de carácter económico, del estilo: ¿me alcanzará el dinero a fin de mes?, ¿por qué tienen los productos ciertos precios y no otros?, ¿por qué es tan difícil conseguir trabajo o capital para iniciar mi propia empresa?, todas estas son preguntas que buscamos responder los economistas, y, por supuesto, tenemos muchas más, tanto tú como yo.

El presente libro, buscará responder cuestiones como son las desigualdades económicas, el crecimiento económico, el valor de las monedas internacionales y los posibles impactos positivos de la Economía Informal. No es el clásico libro de divulgación científica, sino que se diferencia por lo cercano que se encuentra a la cotidianeidad, abarcando cuestiones tales como el estudio y la interrelación de los objetos y conceptos económicos más relevantes, hablará también de aquellas circunstancias o del entorno económico del cual no podemos escapar.

Dicho este preámbulo clásico de un libro, quiero sembrar una idea en sus mentes: "todos estamos llamados a ser economistas". Para ello les hablaré principalmente de los beneficios que acarrea interiorizar conceptos económicos. En un extremo de la teoría económica, encontramos el concepto de homo economicus, una máquina perfectamente racional que lo calcula todo y se anticipa a cualquier cambio en la economía, además de no tener ninguna ilusión monetaria, es decir, que comprende perfectamente la diferencia entre cambios en los precios relativos e inflación, entre otros puntos.

Estoy completamente convencido que revisar la teoría económica desde el llano, la cotidianeidad, les puede aportar herramientas para la mejor toma de decisiones. Por ejemplo, en el ámbito del ahorro o de la inversión o espíritu emprendedor. Siempre en todo curso de Economía, se hace presente la importancia de conocer las circunstancias económicas donde se desenvuelven los individuos, es decir, la macroeconomía. Donde observamos variables que nos determinan, sin poder influir sobre ellas, las tenemos que aceptar como dadas. Algunas de ellas son el tipo de cambio, el producto bruto interno, los precios de ciertos productos, el nivel de empleo de un país, entre otras.

Mi objetivo en este viaje será llevarlos por un camino donde puedan encontrar un hilo conductor de todas las teorías económicas presentadas. Mostrándoles un marco conceptual coherente y compacto, que está hipervinculado. Para ello, partiré del concepto de desigualdad económica y no de riqueza económica, para pasar por el crecimiento que diferencia económicamente a un país. A su vez, se desarrollarán dos tópicos actuales muy relevantes como son el valor de las monedas internacionales y el impacto de las Economías Informales. Siempre desde un punto de vista innovador, alternativo. Espero disfruten del viaje y los enriquezca.

Sin embargo, antes de empezar con el plato fuerte del libro, introduciré un poco de filosofía. De esta forma, seguiré los pasos del mismísimo padre de la Economía Moderna, el Escocés Adam Smith, quien previamente a la publicación de "...La Riqueza de las Naciones" en 1776, fue profesor sobre filosofía moral y escribió un libro denominado "Teoría de los Sentimientos Morales" (1759).

Por ende, cual obertura de una obra musical, los dejo a modo introductorio, con la madre de todas las ciencias, la Filosofía que da pie al libro. Asimismo, les aviso que utilizaré lo mínimo posible una de las herramientas predilectas de la Ciencia, la Matemática.

# Capítulo 1: Filosofía Aplicada

## 1. Hablando de Sumar: "a veces se crece pero con un límite"

Leyendo a Adrián Paenza, en su libro matemática...¿está ahí? episodio 2, encontramos un artículo denominado la vida en el infinito: Serie geométrica y armónica. Del mismo obtuve un punto importante que dice que las sucesiones de las sumas de las inversas de las potencias de 2, es decir, $S(0)= 1$, $S(1)=1 + 1/2$, $S(2)= 1 + 1/2 + 1/4$, $S(3)= 1 + 1/2 + 1/4 + 1/8$, ....., $S(n)<2$; a medida que agregamos más números se hace más grande, pero nunca superará al 2.

Este razonamiento matemático se puede relacionar con conceptos que utilizamos en el sentido común, como por ejemplo, si "algo suma" es positivo, o "todo suma" y "lo importante es crecer", entre otros. Al parecer son frases altamente optimistas y positivas, sin crítica alguna al aporte. Pero si nos centramos en la lógica matemática donde hay casos de sucesiones que no superan cierto número, al sumarse nuevos elementos (como en la citada), tendremos que repensar nuestra estrategia y redefinir "cuánto sumar". Y no solamente "sumar" como operación matemática.

## 2. Pensamiento Circular o Lineal

Para dialogar, tenemos dos enfoques claros y evidentes. Uno es el lineal: siguiendo una línea de tiempo, el histórico, el enciclopédico y el admitido comúnmente. El segundo es uno subrepticio, que no es aceptado pero juega de lleno en el presente. Es el circular: el que plantea el aquí y ahora como medio para el diálogo. Relacionando elementos en el espacio y el tiempo en que se encuentran los que dialogan, en el presente. Ambos conducen correctamente, pero ¿lo hacen bien?.

## 3. Azar, Lo Que No Comprendemos

El "azar" que tenemos racionalizado por la matemática, deja de ser azar para los que conocen sus leyes y sigue siendo azar para los que no. El Azar es comúnmente ejemplificado por medio del juego ruleta. Cuando el crupier arroja la bola sobre la ruleta, luego de haberla girado, la misma toma una trayectoria y rebota de diferentes formas, hasta alcanzar un número. Si supiéramos la fuerza y la dirección con que el crupier envía la pelotita hacia la ruleta, y las imperfecciones de la misma, sabríamos como rebotaría y por ende donde caería la misma. Hoy existen simulaciones computacionales que pueden resolver estos casos, con bajos errores. De esta forma, si el crupier pudiera medir la fuerza y la dirección del lanzamiento, conociendo la superficie y el terreno, la banca podría conocer de antemano cual sería el resultado. Los jugadores no, pensando que es imposible aquellos cálculos por parte del crupier y la banca.

Pero quiero plantear un azar todavía más amplio que el racionalizado por las ecuaciones matemáticas. Aquel que es imposible de determinar de antemano sus disparadores y las condiciones.

Quizás la humanidad esté demasiado preocupada en controlarlo todo, cuando en verdad tendríamos que dejar de controlarlo para que este AZAR, con letras mayúsculas, nos guíe hacia mejores condiciones.

## 4. Decodificando el Lenguaje

Podemos interpretar la palabra como un código que activa un concepto en nuestra mente. Por ejemplo: la palabra árbol con sus letras a - r - b - o - l y acento en la a, conlleva el concepto de lo que vemos en la naturaleza con el aspecto de árboles.

El código [árbol] al ser escuchado, desencadena el pensamiento del concepto árbol. El código es una etiqueta del concepto. Entonces, cuando hablamos enviamos y recibimos códigos que desencadenan pensamientos, y estos abren las cajas de los conceptos, ideas mentales.

Ahora bien, es importante encontrarle la vuelta radical al tema. Las palabras pueden ser fragmentadas como escribí en un post reciente. Y la pareidolia, aquello que parece aunque no sea el sentido original de lo dicho, también puede justificarse. Por lo tanto, podemos encontrar códigos dentro de los códigos, es decir, podemos estar decodificando las palabras. De esta forma, aquello que nos dicen puede tomar un nuevo significado, diferente al que nos quisieron transmitir, pero relevante para nosotros. En pocas palabras, asociar la palabra con un concepto diferente al original, con el que nosotros queramos.

## 5. Una Defensa de la Pareidolia

Al imaginar un círculo, la idea que se nos presenta en la mente es perfecta, inigualable en la realidad. Podemos decir entonces que aquella idea perfecta, buena y bella es el mejor círculo que podamos ver nunca en la vida. Por lo tanto, todos los círculos hechos por el hombre y la naturaleza no serán perfectos, no tendrán esas propiedades matemáticas a las cuales nos aproximamos.

Si ningún círculo en la realidad es completamente un círculo, entonces nada llega a ser, en su sentido ideal. Son solamente aproximaciones. De esta forma, todo lo que observamos es a nuestro entender lo que parece, sin llegar a ser algo ideal.

Lo que parece, entonces, es lo valedero, sin importar lo que creemos que es. Aunque tendamos a construir en base aquellas ideas rectoras y que estas nos guíen.

Por lo tanto, toda la realidad es lo que parece y no tenemos que asustarnos de percibirla como lo que parece y no como creemos que es.

## 6. Demoslé una Oportunidad a la Comunidad Organizada al Azar

El azar representa la casualidad, aquello que no planeamos nosotros y ni el resto de las personas. Cuando se producen encuentros al azar podemos decir que son los más genuinos de todos. Es una forma avanzada de libertad, donde el respeto por los demás se materializa con el consentimiento. No se puede definir hacia donde se dirige este movimiento a priori, pero sí, que si existe respeto por las decisiones de cada uno, sin obligar al otro a hacer lo que no quiere, seguro se llegue a buen destino.

Para que empiece el movimiento, tiene que haber una acción propia, es decir, moverse del lugar, no quedarse estático.

## 7. Los Caminos de la Originalidad

De la misma forma que en un árbol de decisiones, o genealógico, las decisiones que toman los artistas son múltiples, pero más aun superando los muros experimentales, lo que se publica, la obra, puede ser semilla fértil, en el futuro inmediato o mediato, o quedar directamente en la nada.

Por lo tanto, la originalidad puede tener su correlato en la copia de la misma, total o parcialmente, perdiendo su fuerza original, para convertirse en una corriente lenta pero progresivamente aceptada por una minoría. Para luego ser aceptada, finalmente, por la mayoría o la masa.

Quiero hacer evidente estas ramas de la originalidad que quedan en la nada hoy, pero que en el futuro pueden ser continuadas por otros; a su vez que lo predominante en el día a día es aceptado por la mayoría, y en menor término por minorías.

La originalidad será siempre la fuerza motora de los artistas. La mera reproducción de lo aceptado conlleva a la infelicidad del intérprete.
¿No tenemos algo de artistas ustedes y yo?

## 8. Una Visión a Vuelo de Águila de la Ilíada y la Odisea

La Ilíada relata la historia detrás de una guerra, que principalmente tiene su causa en un conflicto amoroso; la pelea por la mano de Helena, entre Menelao, su esposo y hermano del rey Agamenón de Micenas, y París, hijo de Príamo Rey de Troya. La seducción de París, llevando a Helena hacia Troya desencadenó que los Aqueos aunaran fuerzas para combatir la ciudad de Troya y recuperar a la hermosa Helena del engaño de Paris.

Luego de arduas peleas y la muerte de diversos héroes, la victoria quedaría en manos de los Aqueos; definiéndose sobre todo por la inteligencia en el uso de un caballo hueco de madera, y volviendo entonces Helena a las manos de Menelao.

Relaciono la Ilíada, desde la postura de los Aqueos, con la obtención de un resultado positivo, con una empresa con un buen fin. En este caso, el de recuperar a la persona amada en manos de un embustero. Pero también puede ser que la búsqueda de un bien en el día a día tenga su correlato con la guerra de Troya, hacer el bien genera conflicto, hace ruido. El cuento de Cortázar "instrucciones para dar cuerda al reloj", sirve de ejemplo de que es lo que se requiere en esta etapa. Dice que es importante reconocer que "al fondo está la muerte", pero para vencerla se tiene que empezar por el principio "sujete el reloj con una mano", es la única forma, no quemando etapas.

Por otro lado, se encuentra la Odisea. Y este es el trayecto que frecuentemente nuestra miopía no nos deja ver; que una vez alcanzado el objetivo (vencer en Troya) con sus laureles, se tiene que volver a casa. Como le pasó a Odiseo, las batallas que se presentan en el camino de vuelta no son nada fáciles. En la segunda etapa se apelará principalmente a la astucia o inteligencia, y no tanto a la fortaleza física como en la Ilíada.

Por todo esto, como relata el mito griego, es importante conservar energía para la vuelta. Volviendo a Cortázar, recuerdo Casa Tomada, donde las puertas de la casa se iban cerrando una a una, hasta que el protagonista quedaba afuera. Las pruebas de retorno a casa junto a la damisela de la isla de Ítaca, la reina, pueden ser situaciones donde nos vayamos quedando afuera; pero formando un camino que, con la entrada y salida de "las casas", finalmente desemboque en el regazo de la reina Penélope.

## 9. Realidades Coexistentes

En la actualidad observamos el desarrollo de un nuevo mundo. A las realidades físicas e imaginarias, se le suma el mundo digital / virtual. Internet, es un medio de expresión, comunicación, transacción y contemplación, entre otras funciones, que cala hondo en la sociedad y naturaleza de hoy. Puede pensarse la realidad virtual como un reflejo más cercano del mundo imaginario. Es decir, las tres realidades están conectadas pero la imaginaria y la virtual todavía más.

¿Cómo se posicionan el hombre y la mujer frente a este nuevo escenario?. Quiero referirme, en primer lugar, a la desinhibición que puede provocar el acceso a la biblioteca infinita. El ejemplo más apropiado sería el de una persona que con una careta realiza acciones que nunca haría sino fueran de forma anónima. Con inconsciencia sobre las posibles consecuencias. No es fácil entender que miles de personas pueden haber leído un comentario / opinión y actuado en consecuencia.

Por otro lado, se puede representar el conflicto o la dinámica que genera la interrelación de las tres realidades a las que me referí en el principio del artículo: la física, imaginaria y digital. Si la construcción del ser es uno de los objetivos comunes a todos, y en la construcción se pone en tela de juicio el resultado, delante de uno mismo y de los demás; entonces, es importante destacar a quien se dirige la faceta a mostrar en cada ámbito. Si es para uno, para los demás o con una coherencia entre ambos destinos.

Es posible, ante este planteo, que se encuentren diferentes fachadas del ser en las tres realidades.

Finalmente, según la construcción de la personalidad propia de cada uno, puede prevalecer la modalidad presencial con sus efectos sobre la realidad física o la modalidad imaginaria con sus mayores efectos sobre la realidad virtual.

## 10. Por Favor, Dime ¿Qué Hay Dentro de la Caja?

El experimento del Gato de Schrödinger es una paradoja concebida en 1935 por el físico Erwin Schrödinger, la cual nos servirá como modelo para explicar la relación entre pensamiento lógico y verdad.

La descripción de Wikipedia dice que "Erwin Schrödinger plantea un sistema que se encuentra formado por una caja cerrada y opaca que contiene un gato en su interior, una botella de gas venenoso y un dispositivo, el cual contiene una partícula radiactiva con una probabilidad del 50% de desintegrarse en un tiempo dado, de manera que si la partícula se desintegra, el veneno se libera y el gato muere."

"Al terminar el tiempo establecido, hay una probabilidad del 50% de que el dispositivo se haya activado y el gato esté muerto, y la misma probabilidad de que el dispositivo no se haya activado y el gato esté vivo."

"Ahí radica la paradoja. Mientras que en la descripción clásica del sistema el gato estará vivo o muerto antes de que abramos la caja y comprobemos su estado, en la mecánica cuántica el sistema se encuentra en una superposición de los estados posibles hasta que interviene el observador. El paso de una superposición de estados a un estado definido se produce como consecuencia del proceso de medida, y no puede predecirse el estado final del sistema: solo la probabilidad de obtener cada resultado."

La intención del artículo, primero, es la de difundir esta paradoja y las limitaciones que presenta para la ciencia.

En segundo lugar quería vincular la metáfora de la caja cerrada con la relación "lógica y verdad".

Veamos la siguiente ilustración:

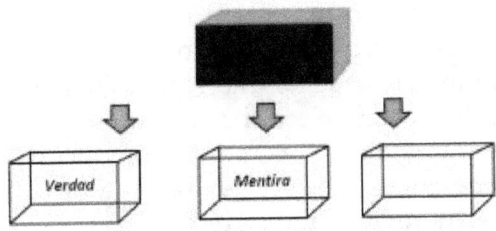

Podemos imaginarnos un caso donde la caja representa a la lógica, como una estructura de enunciados y conclusión, que arroja resultados correctos. Es una caja cerrada y sin orificios. Esto nos permite deducir que es posible que contenga algo. Ese "algo", vamos a suponer que puede ser una verdad, una mentira o simplemente vacío. De la misma forma, los razonamientos lógicos pueden ser verdaderos, falsos o ser simplemente abstractos.

Ahora bien, el procedimiento de abrir la caja, es el método que se denomina en epistemología de las ciencias como contrastación empírica. Los enunciados y la conclusión no son verdaderos hasta que se contrastan empíricamente cada uno de ellos.

Por lo tanto, la pregunta por favor, dime ¿qué hay dentro de la caja?, podríamos reemplazarla por: por favor, dime ¿es verdad lo que dices o lo que piensas?.

¿Asignar probabilidades facilita la toma de decisiones? o ¿tenemos que buscar abrir la caja?.

## 11. Una Mejor Forma de Guiar Nuestros Pasos

Un tipo de definición del valor ético, según Wikipedia es el siguiente: "denota el grado de importancia de algo, como un intento de describir el valor de distintas acciones. Puede ser descrito como tratando a las acciones mismas como objetos abstractos, asignándoles valor a ellas".

Veamos este ejemplo: tomemos el grupo mundial donde se encuentran Argentina, Nigeria, Bosnia e Irán. Entonces podríamos suponer que se les asignan los siguientes valores: Argentina (10), Nigeria (9), Bosnia (7) e Irán (7).

Cuando decimos que Argentina le gana a todos y Bosnia empata con Irán, o Nigeria le gana a Bosnia, mentalmente se hizo una comparación de valores entre selecciones. Generalmente esa tabla no se explicita pero internamente uno la tiene, es la lógica subjetiva. Veamos los valores que asignamos a cada una de las selecciones y digamos los resultados: Argentina le gana a todos; Nigeria pierde con Argentina y le gana a Bosnia e Irán; Bosnia pierde con Argentina y Nigeria, pero empata con Irán; Irán tendrá los mismos resultados que Bosnia. Con un fixture mucho más amplio, si uno realiza una escala jerárquica de las selecciones y luego completa los resultados, hará lo mismo que completando directamente partido por partido; la diferencia es que, en este último caso, no exterioriza esa escala jerárquica que mentalmente posee y que le haría reducir el tiempo de decisión.

De la misma forma, a la hora de tomar decisiones, internamente uno tiene una escala jerárquica sobre qué acción es más importante, pero no la hace explícita. Exteriorizar esa escala, trabajarla y redefinirla, creo que es una mejor forma de guiar nuestras decisiones.

## 12. Tres Razonamientos

En esta nueva etapa educativa que se lanza con el advenimiento de internet, es de gran importancia a mi entender, desarrollar nuevas formas de pensar o de razonar, dejando en segundo lugar lo memorioso. Una buena universidad les deja a sus alumnos principalmente una forma de pensar para concretar los objetivos personales y colectivos; el método científico y la investigación son los que valorizan a la persona. Siguiendo esta línea comparto tres formas de analizar el pensamiento y de razonar:

"No Todos": No podemos generalizar a partir de pocos casos particulares. Es complicada la lógica del Todo. Todos los cuervos son negros, estoy viendo un cuervo. Por lo tanto, el cuervo que estoy viendo tiene que ser negro. Una versión más realista de la situación: Ya que desde tiempos inmemorables se observa que todos los cuervos (X) son negros, si la mayoría de X es Negro y nace un nuevo X, entonces X posiblemente y probablemente será negro. Dejar el espacio para no englobar a todos en la misma bolsa. Más aún si nos referimos a conceptos donde los límites conceptuales no están del todo definidos: por ejemplo hay colores negros de diversas tonalidades, algunos pueden ser grises si se los ve con aumento.

"Objetividad respecto de la referencia": Al hacer un análisis o estudio, tener siempre referencias, puntos de apoyo de pensamiento, reconocerlos como tales. Pero también el saberse "objetivo" de la referencia, alejado de apasionamientos sobre las lógicas de nuestros mentores. Desmenuzar sus principios, su lógica, sus resultados. Si hay que coincidir se coincide, si hay que criticar se critica.

"Buscar los Porque": si hay algo que caracteriza al ser humano es la curiosidad por encontrar explicaciones, entender es muy importante. Entonces contrariamente al "Creer por Creer", indaguemos, investiguemos, busquemos los Porqué.

## 13. **Time4 (Tiempo4)**

¿Podrá reducirse todo a cuatro ejes? Espacio y Tiempo parecen los más conocidos. Es importante destacar que si uno permanece en un mismo lugar del espacio, puede seguir transcurriendo el tiempo, es decir el tiempo parece a priori independiente del espacio. Pero la realidad es que sin espacio no existe el tiempo, por eso están interrelacionados (bi-causalidad), a pesar de que el espacio parece constante por ciertos períodos. Un hecho a tener en cuenta es que si uno tiene una cantidad de tiempo predeterminada (sin un fin próximo de la existencia), mientras más espacio recorra en menor tiempo, entonces más tiempo disponible tendrá para realizar otros recorridos. (aquí aparece la velocidad como característica derivada, el espacio / tiempo para el recorrido de un trayecto).

Podemos agregar dos ejes no muy conocidos unidos a los dos últimos, precio o valor de cambio y cantidad de un producto. La cantidad de un producto es lo que se utilizará para pagar el precio, mientras que el precio son los bienes necesarios para intercambiar cantidades del resto de los ejes (espacio / tiempo y cantidad de producto).

Tenemos el ejemplo del pensador de Rodin. Con esta obra, si fuera representativa de lo real, observamos que el sujeto está localizado en un punto del espacio, con sus coordenadas específicas. Asimismo, transcurre el tiempo de su existencia. Y Aquí viene lo novedoso: el pensador genera un producto que son sus ideas, que luego serán intercambiadas a un precio por otros productos. Finalmente, el hombre que piensa paga un precio por su actividad, la actividad de pensar le consume energía, su posición geográfica seguramente le requiere el pago de algún tributo y la ropa que conlleva tuvo su precio y consiguiente desgaste; la sumatoria de aquellos insumos utilizados para ejercer su actividad de pensar, son el precio final que tuvo que pagar.

## 14. **Robots**

El leit motive de la innovación tecnológica es la reducción del tiempo de trabajo en la realización de un objetivo. Los robots por supuesto que están incluidos dentro de esta característica positiva. Positiva en el sentido de que el tiempo del trabajador puede ser utilizado para otra labor. Esto quiere decir que deben surgir nuevas ideas para crear nuevas labores.

Cabe agregar que la innovación tecnológica llevada a su extremo como puede ser un robot, puede permitir además obtener recursos de una manera eficiente, sin destruir el ecosistema, y a su vez, utilizarlo eficientemente, es decir, aprovechándolo al máximo.

Volviendo al concepto de la generación de ideas, ya están entrando en competencia el humano con la máquina. Los trabajadores de cuello azul tienen sus grúas, los trabajadores de cuello blanco tienen las hojas de cálculo y los mind workers los buscadores de internet.

Si todo conduce a un mundo donde los robots trabajen por nosotros y los humanos disfruten responsablemente del ocio, solamente nos queda un norte que dice que construyamos una sociedad sobre la justicia y la paz.

## 15. Solo Observamos Efectos

Kurt Godel decía lo siguiente: "En cualquier sistema que incluya la aritmética, hay enunciados verdaderos que no pueden ser demostrados dentro del sistema".

Una función es una relación entre conjuntos. Si decimos que el conjunto X determina al conjunto Y, esto puede ser expresado de la siguiente forma $Y=f(X)$. La relación entre ambos conjuntos puede ser diversa, pero en este sistema sabemos que se seleccionarán elementos del conjunto Y según los elementos presentados por el conjunto X. Dicho de otra forma matemática, las variables exógenas al sistema (en este caso X) determinan a las variables endógenas (Y). Siendo las variables exógenas autónomas o independientes. En términos de eventos, ante un evento X sucederá Y. La causa X (anterior en el tiempo) genera el efecto Y (posterior en el tiempo). Esta es una noción desarrollada por Aristóteles en su libro los segundos analíticos, donde el segundo evento se entiende como consecuencia del primero.

Ahora bien, ¿porqué no pensar que la causa X tiene su propia causa?. Si buscamos la causa de una causa, prolongando este método hasta el infinito, llegamos al razonamiento de que solamente contemplamos efectos, nunca la causa primera de los sucesos. Lo que hace la mente humana, en mi opinión, es cortar con la búsqueda, determinando a uno de los efectos como causa.

## 16. Realidad y Sujeto

Este Post es producto de la lectura de fragmentos del libro "Cultura y Simulacro" de Baudrillard. El mismo es una libre interpretación.

El sujeto hace un mapa de la realidad, de la misma forma que un cartógrafo describe con símbolos el territorio (ejemplo borgiano). En el hiperrealismo el mapa es la nueva realidad.

En un principio la realidad determina el mapa. Pero luego el mapa o modelo (simplificación de la realidad) busca configurar la realidad. En muchos casos hasta el sujeto busca vivir en el hiperrealismo, donde puede llegar a tener sus propias leyes, es decir, aquellas que difieren con las de la realidad.

Una tesis dice que la realidad no se puede comprobar, pero la misma choca con el modelo cuando este rige al sujeto e ignora detalles fundamentales, como la posibilidad de cambios en la realidad diferentes a los del pasado.

Ahora bien, ¿qué conocemos de la realidad si la misma no se puede verificar? Una posición es que lo que se entiende de la misma es producto del consenso de grupos minoritarios que toman decisiones por los demás (o que tienen poder). Por lo tanto, podríamos o no, estar junto a la verdad acerca de la realidad.

## 17. Una Aproximación Matemática al Método Dialéctico

Seguramente habrán visto que me interesa vincular la matemática con las Ciencias Sociales. En filosofía, la dialéctica es un método que utilizaban los pre-Socráticos, como Heráclito, que destacaba la contradicción como dinamizadora de los hechos. La tríada dialéctica consiste en una tesis, su anti-tesis y la síntesis. Es decir que de la oposición de A y No A, saldrá un B superador. Como primera idea intuitiva podríamos ejemplificarlo con que A y No A son los extremos, mientras que B es un punto entre estos dos extremos (Marx hace uso frecuentemente de promedios).

La cuestión es esta, si A puede ser representado con el número 2, su No A sería -2. Del promedio de la suma de ambos obtendremos B. (2 +(-2))/2 da como resultado 0. De ahí en más, B queda inmovilizado en 0, ya que el opuesto de 0 es 0, y el promedio es 0. Es decir el movimiento ha cesado. En términos matemáticos, esta evolución de los hechos en el tiempo puede ejemplificarse con una ecuación en diferencias, convergente a un equilibrio en 0 y oscilante. Oscilando entre un número, una aproximación al opuesto y el promedio de estos últimos dos, para luego recomenzar desde el promedio con la misma mecánica, repitiendo hasta llegar a 0.

De esta forma, la dialéctica también puede ser interpretada de forma causa y efecto. Cuando el tiempo pase por sus 3 etapas nos encontraremos con que en el primer período o tiempo: Tesis; en el segundo período: Antítesis; y finalmente en el tercer período: la Síntesis. Es decir las formas de un ente aparecen dependientes del tiempo, cambiando oscilantemente.

A mi entender el juicio de la historia materialista con los cuatro estadios por los que dice transcurrió la historia, como son, el comunismo primitivo, el esclavismo, el feudalismo y el vigente capitalismo, representan 2 ciclos. ¿Porqué?, Comunismo primitivo (propiedad común) y su opuesto el esclavismo (propiedad de unos pocos) dan como resultado el feudalismo (propiedad entre correspondientes a todos y a unos pocos). El opuesto de este último es el capitalismo (propiedad de muchos). De la contradicción entre Feudalismo y Capitalismo surgiría, como estimaban los socialistas científicos, un quinto estado, llamado comunismo (propiedad de todos y cada uno).

La representación de la dialéctica materialista puede representarse de forma matemática, donde de un tipo de organización social (llamémosle A) surge su opuesto (No A), pero al ver que la historia sigue cambiando de organización social en el tiempo, la única forma de que siga cambiando es que a posteriori de la tesis surja una aproximación de su opuesto como antítesis. Porque sino la síntesis sería representada con el 0, siendo este un punto de equilibrio, del cual no es posible alejarse.

Para que se alcancen 2 ciclos, deben plantearse, primero, una condición inicial y, luego, un tipo de desvío del opuesto en la segunda etapa de cada antítesis. Para el caso de que la tesis original fuera 100, con un desvío del opuesto de la tesis en un 65%, se alcanzaría aproximadamente un 0 (0,36) en 5 estadios.

La formulación matemática nos dice que pueden ser diversas las condiciones iniciales y los desvíos de los opuestos, lo que haría que la convergencia al 0 sea más lejana aún. Además el valor de equilibrio no es la condición inicial, por lo tanto, no tiene porqué converger a un símil de la condición inicial (comunismo como un símil del comunismo primitivo). Lo que nos asegura este razonamiento es que el equilibrio al cual se converge estaría siempre entre los dos extremos iniciales, a saber, Comunismo primitivo y esclavismo.

## 18. Ajedrez y Política

A continuación voy a citar algunas estrategias aprendidas en el Club Argentino del Ajedrez y adjuntaré a cada una el posible reflejo en estrategias políticas:

1. **"El rey como piedra angular, punto fijo de donde se proyectan las estrategias. Su protección es el primer objetivo, con el enroque."** Antes de que un problema alcance al presidente de un partido, sus colaboradores son los primeros fusibles. De esta forma, el presidente tiene el tiempo para elaborar una respuesta adecuada al problema. El presidente es el que tiene una visión objetiva del campo, dirigiendo con sus decisiones Macro el destino de la mayor cantidad de recursos del partido.

2. **"El centro define el poderío en ataque. Ganar el centro permite mayor alcance del ataque de las piezas. Combinación entre movimientos por los laterales y el centro, ataque en pinza."** El ataque o desarrollo de la fuerza política, incluyendo mayor cantidad de adeptos al partido o solicitud de parte de los ciudadanos de representación, hacen que se libren fuertes debates en torno a las jurisdicciones con mayor cantidad de ciudadanos, que recaudan mayor cantidad de ingresos y que poseen potenciales fuentes de energía y materias primas. Estas jurisdicciones son el centro.

Desde el centro, y con otras jurisdicciones periféricas, se ejerce mayor presión para dominar la agenda nacional o interjurisdiccional.

3. **"La disposición de los peones, formando una estructura, permiten un sostén al ataque y a la defensa."** Los peones son aquellos con los que tiene contacto cotidiano el ciudadano común, la cara visible de la estrategia partidaria. Los que reciben los petitorios y hacen de intermediarios intrapartido. Son las manos del Organismo social.

4. **"Sacrificio de una pieza para obtener un rédito a futuro, mejores posiciones o desarmar estructuras."** Esta jugada de ataque denominada gambito sirve como señuelo en la elaboración estratégica, cuantas veces observamos que senadores o diputados de relevancia son destinados a elecciones en jurisdicciones totalmente adversas para el propio partido. El objetivo es construir un camino, paso a paso, y estos sacrificios son los primeros chispazos que muestran el camino a otros.

5. **"Acciones en parejas, función de protección y función de ataque."** Si bien tiene relación con el punto 2, esta estrategia es más Micro. El trabajo en conjunto de los políticos en todos sus niveles es indispensable ya que es necesario reflejar y confrontar el pensamiento con otro miembro del partido, de forma de estar merodeando el sentido común pregonado "desde arriba". Uno de los políticos es la cara visible, el otro cubre sus vacíos y analiza sus decisiones, expresiones y discursos. Es compatible que cambien los roles.

6. **"El peligro de situarse en la misma línea que una pieza de alto valor que no pueda dar protección."** Los políticos que toman las decisiones finales en temas de relevancia no conocen todos los movimientos de sus copartidarios, no pudiendo justificar todas sus acciones. Dependiendo de la gravedad de los errores de los copartidarios, los altos dirigentes pueden llegar a tener que responder en nombre de ellos y del partido. Generando problemas extra al entramado político.

7. **"El ataque imprevisto del caballo."** Lo imprevisto, lo oculto, la sorpresa son claves a la hora de sorprender al rival, es común escuchar cuestionamientos a los políticos sobre la historia de sus rivales, con preguntas fuera de contexto y fruto de investigaciones.

## 19. Hombre Malo, Hombre Bueno

"El hombre es el lobo del hombre" T. Hobbes menciona esta frase de Plauto en su libro el Leviatán. Será piedra angular para describir el estado de naturaleza del hombre.

Cuando el hombre no se encuentra subordinado a un árbitro, juez o estado, se interpreta de Hobbes que el hombre es egoísta, vive en una guerra de todos contra todos. Donde la vida en condición natural es solitaria, pobre, malévola, de ignorancia y corta. Ante esta situación necesita hacer un pacto con los demás hombres para generar un estado que establezca reglas o que diferencie el bien del mal.

En las antípodas se encuentra J.J. Rousseau quien manifiesta que el hombre es bueno, la naturaleza es buena, por ende, es necesario que el hombre aprenda por sí mismo en ella, encontrando el motivo, su motivo. Se deduce que el hombre sea educado por sus intereses y no por la estricta disciplina, hará una sociedad más libre.

Vemos que ambos autores tienen en común que con el contrato, los hombres resignan parte de su libertad y de hecho a mayor estado menor libertad. Para Hobbes, en libertad el hombre es el lobo del hombre; para Rousseau en libertad el hombre es bueno, por lo que si cada uno busca su propio interés se favorecen todos.

En definitiva, el hombre busca su propio interés, que favorece a él sólo (Hobbes) o a todos (Rousseau).

## 20. El Doble Discurso de Muchos Políticos

La lógica consiste en desarrollar ciertas premisas para llegar a una conclusión, las premisas son los argumentos. Existe un tipo de falacia que se llama **argumento** *ad ignorantiam, donde se infiere la verdad o falsedad de una proposición basándose en la ignorancia existente sobre ella (fuente: wikipedia).*

Una vez presentado el marco teórico podemos decir que en general los políticos tienen dos discursos. Ambos tienen la característica común de que son lógicos. Pero uno comete la falacia ad ignorantiam o algo aproximado a esta. El discurso falaz, que es el que sale a la luz, dice que las políticas públicas que proponen son para el bien de todos o de los más débiles. Al estar asociado con un elemento de la moral, como es el bien, y tener lógica, seduce a la mayoría. Pero resulta ser un engaño porque sus premisas resultan ser incompletas o incontrastables con la realidad.

En cambio el discurso subyacente tiene el verdadero fin, contrastable en los hechos. ¿Porqué se realizan todas esas medidas?, ¿para los débiles o para todos?. Las medidas desde un comienzo no llegan a todos los necesitados, porque el fin es el interés de los mismos políticos que la generaron. Este discurso es el real, el que muestra el interés personal, el cual es posible de contrastar con la realidad y de probar su verdad.

El mito de la caverna de Platón es una representación de esta situación, donde las apariencias no son la realidad y hay que romper las cadenas de la seducción de los argumentos de los políticos para encontrar la verdadera realidad y salir a la luz.

## 21. Es Hora de Ser Padres (o de Resolver Nuestros Conflictos)

El conflicto edípico se presenta como el hijo deseando a la madre y el padre prohibiendo concretar su deseo, creándose una rivalidad entre padre e hijo. En la mujer el conflicto de electra, donde la hija desea al padre y la madre le prohíbe satisfacer su necesidad, creándose una rivalidad entre Madre e Hija. Entonces, se observa el triángulo amoroso con sus vértices Padre, Madre e Hijo/Hija.

Los sueños, podrían describirse como un modelo mental sin respeto por las leyes de la realidad, solamente dirigido por el conflicto edípico, eléctrico y su intento de resolución. Ese sería el máximo deseo, el de la resolución del conflicto.

La teoría psicoanalítica, a mi entender, fija su estudio de la mente desde la posición estática de hijo/hija respecto a sus padres. **El ser es un hijo/hija eterno luchando por la resolución de su conflicto edípico, eléctrico**. Pero no hace hincapié en una teoría de transición de hijo/hija hacia padre/madre. Por lo tanto, tampoco hace foco en el ser como Padre/Madre respecto de su hijo/hija.

Es hora de pensar una teoría donde el punto de partida sea el ser Padre, aquel en que la transición de Hijo a Padre fue resuelta, no solamente en la realidad, sino mentalmente.

## Capítulo 2: Tópicos en Economía Aplicada

### 1. Bear Market Trends, Mercados a la Baja, No Todos Pierden

Los mercados de capitales son un fenómeno del que todavía queda mucho por comprender. Intuitivamente uno puede pensar que cuando cae la bolsa, o el valor general de las acciones representado por su índice más fidedigno, todos los jugadores pierden, el país pierde, el sistema puede colapsar. Este es un pensamiento equivocado.

En primer lugar, se puede producir la famosa toma de ganancias. Esto sucede cuando aquellos jugadores, poseedores de acciones que compraron barato, ahora quieren hacerse de la diferencia, vendiendo a lo que ellos consideran caro. Si muchos jugadores, con un gran volumen y con activos diversificados, hacen lo mismo, el efecto manada hace que se desplome el índice general. Ganaron los que vendieron, perdieron los que se mantuvieron fijos en sus posiciones.

En segundo lugar, muchos jugadores toman la siguiente estrategia. Vendo caro, compro barato. De esta forma aprovechan la tendencia bajista, sacando una diferencia.

Si la economía es grande y en la bolsa participan un número representativo de empresas, con una bolsa en baja si las compañías llegaran a mantener posiciones sin recomprar sus acciones en el mercado secundario, no eliminarían la abundancia de participaciones, pudiéndose perjudicarse por desvalorizaciones patrimoniales.

### 2. La Economía Responde a Las Normativas y Políticas Públicas

Si bien las elecciones fijan puntos de apoyo para la renovación de legitimidad de parte del electorado para los gobernantes, es la gestión y el análisis de las situaciones económicas las que hacen ganar las elecciones. Al elegir, el votante principalmente observa la situación económica propia y de su comunidad.

Observando la historia, los casos extremos de crisis económicas catapultaron a los gobernantes fuera de sus sillones de poder. Se han repetido casos de revoluciones y cambios de gobiernos por motivos económicos. La revolución francesa (aumento de impuestos en un contexto poco próspero), norteamericana (impuestos injustos) y sudamericana (monopolio vs. librecambio), pueden citarse como ejemplos límites.

Según pensadores económicos de los últimos años, por ejemplo,

Acemoglu – Robinson, "Why the Nations Fails", se encuentran que son las normativas y las políticas públicas, o mejor dicho, la gestión de los gobernantes, parte de los parámetros profundos del desarrollo económico. Son estas, a su vez, las que hacen manifestar efectos sociales generalizados, como puede ser un cambio de signo en unas elecciones.

Por lo tanto, la comunicación de las políticas públicas y nuevas normativas, al igual que, el escuchar "lo que dice la gente" en diversos planos (barrial, medios de comunicación, provincial y regional, etc.), como primer indicador, son parte del carácter del buen gobernante.

Saber escuchar la verdad en el discurso ajeno, tener receptividad, pero por sobre todas las cosas capacidad de reacción; que consta de contrastación empírica de los dichos y establecimiento de políticas.

Esperemos que nuestros gobernantes escuchen siempre las dificultades de la gente y puedan encontrar la salida a los problemas estructurales y cotidianos.

## 3. Las Ecuaciones Nos Gobiernan

Aunque usted no lo crea, las ecuaciones matemáticas nos gobiernan. La matemática es la expresión abstracta de la lógica y en cada explicación, razonamiento o toma de decisiones las utilizamos. Aunque no las conozcamos ellas nos gobiernan. Por eso la importancia del estudio de las matemáticas, para hacer conscientes los razonamientos o la supuesta irracionalidad en el caso opuesto, y ampliar las fronteras del conocimiento, de lo que fue, de lo que es y de lo que puede ser, unido a lo que queremos que sea.

## 4. Sociedad del Trabajo

En varios post del blog de wordpress mencioné que considero que la dirección de las decisiones políticas económicas tendría que estar centrada en la generación de trabajo. Quiero recalcar que el fetichismo de la mercancía no es evidente y no es fácil ser conscientes que quienes intercambiamos bienes y servicios somos las personas trabajando. Por eso, en conmemoración de aquello que nos da sentido quiero destacar la importancia del desarrollo laboral de una persona. Utópica mente ojalá todas las personas podamos emanciparnos con nuestro propio proyecto laboral, después de un período de aprendizaje y capacitación.

Asimismo, es importante lograr una ingeniería laboral más aceitada. Con esto quiero decir que aquellos que buscan nuevos trabajos en el corto plazo tengan a su disposición las herramientas necesarias para lograrlo. Tanto a nivel formativo como en oportunidades. Esta falta de conexiones entre oferta y demanda, reducción de tiempo y espacio, y soluciones a las dobles necesidades, siguen presentes hoy en día.

## 5. Economía de los Medios de Comunicación y la Cultura

La radio y la televisión marcaron una época en la historia de la cultura, desplazando lentamente al libro como medio de entretenimiento principalmente. En las últimas dos décadas, la PC, por medio de internet, y en los últimos diez años, el celular, con su versión Smart, dejaron huella profunda, desplazando en este caso, Casettes, CDs, radios, TV comunes, etc. Las consolas de juegos también cobraron participación notoria en las generaciones Y y Z. Los SmartTVs y las conexiones multiplataforma hacen entonces su aparición estelar dentro del mundo del entretenimiento.

Pero en este caso quiero hacer mención de los llamados contenidos que se transmiten por medio de cada uno de los medios que mencioné, y también de los que desconozco y olvidé. Los contenidos se han vuelto extremadamente personalizados, interactivos entre los emisores y receptores, se están abarcando temáticas de forma des-monopolizada, amplias, y permiten realizar actividades en lugares antes inesperados (por ejemplo, tener una clase de yoga por medio de un smartTV en su propia casa).

Lo que remarcan los especialistas es la voz que se le otorga a quienes tienen acceso a estos medios, en esta asamblea general que es internet. Se destaca el desarrollo del pensamiento crítico, ya que al escuchar diversas opiniones, el receptor puede distinguir cual es más fidedigna y cual no. Desde un punto de vista económico, la cultura, reduciéndola a los usos y costumbres de una sociedad, llamada también comportamiento u hábitos y causas profundas del desarrollo económico, se ve impactada fuertemente por los contenidos que se transmiten en los medios de comunicación. Los mismos modelan la identidad, pueden determinar qué es lo correcto e incorrecto, estimulan deseos, hacen justicia y hasta apaciguan los nervios de las personas.

La importación y exportación de contenidos, por lo tanto, no es como la del resto de los productos, ya que modelan los comportamientos de los usuarios de una forma mucho más evidente e inmediata.

Realmente el cuarto poder está más vivo que nunca, la diferencia con décadas anteriores es que se han incorporado millones de personas a la base de opinión; la asamblea se ha agrandado, poniendo en jaque el poder de los editores.

## 6. Un Diario Que Diga la Mentira

Los medios de comunicación, llamados también el cuarto poder, tienen la responsabilidad de informar a las personas de lo que sucede en la realidad, aunque también de entretener y educar.

Hagamos el ejercicio mental de pensar en un diario que dice mentiras sobre los hechos. No lo que sucede sino que inventara noticias que no sucedieron.

Aquellas personas que creen que los noticieros dicen la verdad sobre los hechos, empezarían a repetir a sus vecinos lo que dijo este diario. Y sus vecinos porque le creen al vecino que es de confianza, también repiten lo que les dijo. Creándose una burbuja respecto de la realidad, una ola de rumores inexistentes en los hechos.

Muchas veces la economía se comporta de esta forma, con la formación de expectativas respecto a hechos que no existen. De esta forma, al revelarse la mentira, la estampida que se provoca respecto a una acción o instrumento financiero, provocan la caída o suba abrupta en los precios dependiendo de si fue a favor o en contra el rumor.

## 7. Como Solución, Pondría Muchas Fichas a la Economía Real

En estos días se cuestiona bastante la situación del mercado cambiario, si devaluar o no, si alcanzan las reservar para detener el goteo de dólares del cepo cambiario y pagar deuda. En un mercado donde el dólar ahorro no es el único componente, es importante a mí entender volver a encontrar el rumbo del tipo de cambio. Quiero decir que tenemos que alcanzar un nivel de tipo de cambio real competitivo.

Sin dudas uno de los motivos por los cuales los ahorristas se vuelcan al dólar es por el desgaste del poder adquisitivo producto de la inflación, siendo las tasas de interés real de los productos financieros negativas o casi negativas. A su vez, la inflación puso la vara muy alta para los rendimientos reales, son necesarios márgenes brutos cercanos al 30% para que funcionen las empresas.

Además, se generó un círculo vicioso con estos movimientos financieros donde la tendencia al alza del precio de la moneda extranjera se retro-alimenta (comportamiento de un bien Giffen, al aumentar la cantidad demandada aumenta el precio, y con el aumento de este aumenta la cantidad demandada). La contracara es la falta de inversión real; ni el sector público ni el privado entran decididamente en el juego productivo. El consumo no es fomentado porque el salario real promedio es bajo, y también porque el desempleo o el miedo a perder el empleo de los trabajadores a esta altura es significativo, y los afectados se resguardan.

Los dólares para el ahorro, sobre todo los que son extraídos del sistema financiero para ir a parar al colchón, perjudican el funcionamiento del sistema, lo dejan sin oxígeno (sacan dinero fresco para generar oferta). Por eso, es importante volver a vincular los ahorros con la economía real. Si es necesario, utilizando los intermediarios financieros. Vale recuperar las señales positivas para los ahorristas, que inviertan en acciones, bonos y plazos fijos. Una vez logrado esto, los bancos, las empresas y el estado deben cumplir con su parte, invertir e incentivar proyectos de inversión.

## 8. El Estudio de Casos Comparados

En economía es común hacer comparaciones entre economías con perfiles similares, donde ciertos indicadores son comparables, sean ejemplo, el PBI, el desempleo, el coeficiente de Gini, el gasto público, la inversión, las exportaciones e importaciones, la inflación, la tasa de interés controlada por el banco central, etc. Pero también la cultura, la cantidad de población, los recursos naturales, la educación, la investigación y la innovación, las normativas y su cumplimiento, y la cantidad de emprendedores.

Estos indicadores nos permiten encontrar casos homólogos o similares entre los países, aunque tengan trazas de diferencias en el cuadro global. Voy a plantear algunos casos comparativos internacionales, a mi entender,

    a. Crisis de deuda de Puerto Rico y la Crisis de deuda de Grecia.
    b. Brexit e Independencia de Cataluña.
    c. Desigualdad de ingresos en Brasil entre Sur y Norte, y desigualdad de ingresos entre Norte y Sur de Italia.
    d. Economías dependientes de su monoproducción (materias primas).
    e. Las islas Malvinas y Hong Kong.

Suponiendo que los problemas de fondo son económicos, para estos casos creo necesarios planes de crecimiento y desarrollo económico, planes integrales que den soluciones a los causantes.

## 9. La Destrucción del Capital Humano

Durante las crisis sistémicas, donde la tendencia es el aumento del desempleo, se pierde capital humano (CH), entendido como conocimiento sobre una especialidad por parte del trabajador.

De la misma forma, al surgir incentivos para que los trabajadores se cambien de industria, es decir, en el cambio de posición de un trabajador, también se pierde CH.

A nivel individuo, cuando se deja de practicar una labor, la memoria de corto plazo comienza a olvidar. Suponemos que en la memoria de largo plazo sigue vigente, pero frecuentemente es inaccesible.

Si el CH contribuye significativamente al crecimiento económico de una sociedad, entonces, ¿cómo podemos conservarlo?.

Los ancianos se destacan por contarnos sus experiencias, uniéndonos a cada uno a su alrededor. Es el gran ejemplo que tenemos de cómo conservar el CH. Dejar registro de las experiencias, mostrar cómo era el camino. La escritura será sin duda uno de los medios más eficaces, ya que perdura sin corromperse.

Una opción sería la creación de manuales, libros o artículos digitales, explicando la visión y la metodología sobre la antigua posición. En el plano estrictamente psicológico y de la resiliencia, no sólo manuales laborales son necesarios sino también escritos sobre la superación de experiencias traumáticas, así como de la preparación para situaciones complejas.

Es una temática abierta, pero creo que necesaria para la sociedad.

## 10. Teoría de la Economía No Competitiva

Se me ocurrió que es posible que el sistema económico no esté gobernado por las señales de precios y, por lo tanto, no sería del todo competitivo el comportamiento de sus participantes. ¿Qué quiero decir?, bueno, digamos que son los convenios y los contratos los que guían la mayor parte de las acciones económicas. Que aquellas partículas atomísticas que se nos presentan en los análisis, los individuos, son parte de instituciones que aglomeran gran cantidad de otros individuos. Y que sus acciones muchas veces son tomadas según los intereses de un grupo y no como preferencia o conveniencia individual. Veamos estas premisas:

- Principales actores: Individuos, Compañías (Conjuntos de individuos), Grupos (Conjuntos de Compañías), Estado (Conjunto de Individuos enfocados a los proyectos comunes). Siendo las compañías y el Estado las instituciones que canalizan la producción de los individuos.
- Ecuaciones de actividad: Ingresos=$w+r+R+B$ (salario, interés, Renta y Beneficio); Egresos=$C+G+I$ (Consumo, Gasto e Inversión)

- Existen relaciones Intragrupo, intergrupo, inter (grupo-compañía), intercompañía e interindividuos. Por ejemplo: La compañía tiene egresos e ingresos dentro de su grupo y fuera del mismo (estos últimos son como las exportaciones e importaciones de una economía abierta). Si el grupo le brinda la mayor cantidad de sus ingresos intentará tener la mayoría de sus egresos dentro del grupo. Sino buscará abrir el juego, tener egresos fuera, para recibir también ingresos. De esta forma buscará unir un nueva compañía a su grupo pre existente o creará un nuevo grupo uniéndose con un convenio. Por parte del individuo: la compañía le provee ingresos al trabajador, el trabajador gasta parte de su sueldo en el servicio de la compañía y en servicios de compañías asociadas al grupo (Ejemplo: Bancos).

Se concluye que no son solo los precios los que guían las decisiones, sino los ingresos y egresos que se tendrán en el largo plazo con los convenios. Se puede pensar como el estado, los grupos y las compañías generan una red de contactos que preservan las ganancias (en caso del estado, buscará maximizar la cantidad de recaudación de impuestos).

Queda preguntarnos: ¿prevalecen los juegos de suma cero o positivo?, ¿los conjuntos de individuos están cerrados sobre sí mismo o abren el juego?.

## 11. ¿Para Cuándo lo Mejor? un Enfoque Utilitarista

Es común escuchar la pregunta asociada a nuestra alimentación que dice: ¿cuándo comer lo mejor?. Constantemente se aconseja dejar lo mejor para el final, felices de aquellos que lo han hecho, ya que nadie lo comprende y por ende, la mayoría se alimenta con lo mejor al principio. Quisiera justificar, microeconómicamente hablando, el porqué de esta acción tan "criticada" (consumir lo mejor al principio y no al final).

Bajo el paradigma utilitarista, donde el consumo de bienes genera una cierta utilidad, encontramos dentro de sus principios que el consumo de un bien reporta una cantidad de satisfacción, y que las subsiguientes unidades consumidas del bien reportan, a su vez, utilidad, pero una menor que la anterior. Es decir, que la utilidad crece decrecientemente a medida que seguimos consumiendo de un bien.

Si lo contextualizamos en nuestra pregunta, ¿cuándo consumir lo mejor?, podemos razonar que cada vez que consumimos tenemos cierta utilidad pero la misma crece decrecientemente, la mayor utilidad me la reportó la primera unidad consumida. Por lo tanto, si lo mejor lo dejamos para el final, seguramente nos brindará una utilidad o satisfacción pero de seguro menor que si la hubiéramos consumido al principio de nuestro horizonte de consumo. Otra forma de verlo es, cuando tenemos hambre las primeras unidades nos sacian más que las últimas.

## 12. Errores en la Producción en Cadena, Errores en Serie

La producción en cadena o en serie, es un concepto Taylorista (en honor a F.W. Taylor) que cobró popularidad con la puesta en práctica por Henry Ford y sus tan conocidos automóviles Ford T, los cuales datan de principios del siglo XX. Básicamente consiste (según Wikipedia) en una forma de organización de la producción que delega a cada trabajador una función específica y especializada en máquinas más desarrolladas.
Es acertado hablar de este tipo de organización industrial porque El Elefante Económico se centra en cuestiones que impactan sobre la masa de personas. La producción en cadena implica la elaboración de una gran cantidad de bienes homogéneos en el menor tiempo posible, con la sinergia entre trabajadores, máquinas y cronómetros.
De mi experiencia surge que he encontrado bienes masivos (homogéneos y para gran cantidad de personas) con fallas. Se hizo evidente cuando al querer cambiar bajo garantía el bien adquirido, encontramos con los responsables del local minorista que la serie lanzada de ese producto tenía toda la misma falla.
Esto quiere decir que si encontramos un error imperceptible (que ha superado los controles de calidad) en un bien masivo, es posible que toda la serie tenga el mismo error.

## 13. Las Acciones Masivas

Vivimos en un momento de la historia donde llegar con nuestras acciones a millones de personas es posible, a pesar de no conocerlas. De hecho, no creo que lleguemos a conocer 1 millón de personas en toda nuestra vida. Pero con las instituciones y los medios tecnológicos podemos estar relacionados con miles de personas rápidamente.
El centro de la cuestión en este artículo es justamente la relación entre instituciones y personas individuales, con la masa de personas, anónima, no conocida. En las relaciones económicas la ética se hace a un lado, no conocemos los antecedentes de la persona a la que le compramos o vendemos, solamente comparamos el precio/calidad de sus productos con los de la competencia. Pero para no irme por las ramas, quiero hacer notar que existen acciones o políticas que son destinadas a un gran grupo de personas y esto favorece al ejecutor, le

genera una mayor escala.

Un caso son las políticas estatales, las cuales generalmente impactan sobre toda la población de un país: por ejemplo con los impuestos, la modificación del salario mínimo (impacta sobre los dueños del capital porque les obliga a invertir en uno de sus factores de producción, y a su vez, implica mayores ingresos y consumo de los trabajadores afectados) y la intervención sobre el tipo de cambio (influencia directamente sobre el negocio de los que comercian con el exterior).

Ciertas empresas, por su lado, buscan la venta de sus productos masivamente ya que consiguen descuentos por volumen en sus costos.

Otro caso son los productos primarios, como los alimenticios, siendo imprescindibles para la vida de cualquier ser humano, alcanzando a gran parte de la sociedad.

Las instituciones crecen a gran escala cuando alcanzan a mayor cantidad de personas. Y a su vez, impactan significativamente sobre la economía en conjunto cuando estas instituciones u organizaciones llegan a mayor cantidad de personas.

## 14. La Corrupción MATA

Todos los productores planean o estiman sus costos de producción. De la misma forma las instituciones (conjunto de personas sujetos a un objetivo común que se mantiene en el tiempo) buscan predefinir un costo de producción para el ejercicio venidero. El presupuesto debe ser cumplido, a pesar de que es posible hacer ampliaciones de costos justificados por contextos imprevisibles.

Estos costos cubren la operación y el mantenimiento de los servicios de producción. Es decir, todo aquello que hace funcionar el servicio y el control del desgaste del capital físico y su reparación.

Construyamos un presupuesto, suponiendo que tanto la operación como el mantenimiento del servicio son tercerizados.

C=Costo
w=salario
L=cantidad de trabajadores
r=pago al capital de reposición
K= cantidad de capital de reposición
C=wxL+rxK
Si tenemos presupuestados $100 de Costos entonces:
$100 = Costo operativo + Costo mantenimiento= wxL+rxK

Supongamos que los precios de mercado del salario y el pago al capital de reposición son: $5 y $5, entonces las cantidades presupuestadas de trabajo y capital son: 50 y 50.

¿Qué sucede en un caso de corrupción?
Se acuerda entre personas de ambas instituciones que la institución receptora del servicio sobrefactura, con sobreprecios, donde luego el proveedor le transmite la diferencia con el precio de mercado por canales no registrados.

En nuestro ejemplo, supongamos que este acuerdo ilícito se hace por el servicio de operación, pagando a los empleados por $7 en vez de por $5. Entonces lo que se quedara el funcionario de la institución receptora del acuerdo es ($7-$5)x10 = delta salario del funcionario. El proveedor tiene asegurada la provisión del servicio ante la competencia, esa es su ganancia.

Lo que quiero mostrar con este ejemplo es que si el costo planeado era de $100, este se tiene que respetar. Por lo tanto, si cuesta más la operación, tendré que reducir el mantenimiento, quedando de la siguiente forma la ecuación:

$100 = \$7 \times 10 + \$5 \times 6$

El precio de mantenimiento es dado por el mercado, pero se tuvo que reducir la cantidad de piezas de reposición de capital, debido a que se gastó más por los costos extra del fraude de la contratación de la operación.

Lo que se rescata del análisis es que un caso de fraude no se puede considerar aislado de los otros servicios necesarios para el buen funcionamiento de la institución. Lo que puede llevar a la muerte de personas si esta situación se prolonga en el tiempo y según cuál sea el producto servicio. En este caso si no se mantiene adecuadamente el capital de producción, se está en graves problemas al utilizarlo.

A escala global de la institución, sucede lo mismo con la reinversión necesaria para dejar a un lado los equipos obsoletos. Depende que otros acuerdos, incluyendo los fraudulentos, se hayan establecido.

## 15.     ¿Qué Implica el Turismo?

Como dice el título, el turismo es una Industria sin chimeneas. Esto es así porque involucra una amplia gama de actividades económicas como son los alquileres de habitaciones, la hotelería, la gastronomía, los entretenimientos, las salidas culturales, los parques nacionales y espectáculos naturales, el comercio, el emprendedurismo, el transporte, los seguros, las actividades bancarias, entre otras. Empleando un gran número de trabajadores sin la imperiosa necesidad de fábricas, ni chimeneas.

Nos recuerda a las migraciones, la búsqueda de nuevos destinos y oportunidades, las aventuras y el afán por descubrir lo que es propio, ajeno o de nadie; la transmisión de ideas, la búsqueda de refugio, de nuevos conocimientos y visiones de la realidad. La unión con otros pueblos y la conciencia del estado actual en vivo, sin que nos lo cuente nadie.

Representa también, porque no, las vacaciones, los viajes de negocios, el reencuentro con algún ser querido, el festejo de fechas relevantes. El vestigio de aquel tiempo en que éramos nómades. El escape de amenazas naturales.

Cabe resaltar que el conocimiento que se obtiene en un viaje es único, producto de la supervivencia en un entorno nuevo, de otras culturas, del aprender a comunicarse nuevamente y de la autonomía que se gana.

En las últimas décadas se está rompiendo el antiguo modelo del "ahorrar toda la vida para viajar cuando sea mayor". Hoy los jóvenes apuestan a viajar primero, para aprehender del mundo, quizás mucho más que de unos libros.

La posición borgeana de conocer el mundo a partir de una biblioteca es reemplazada por la experiencia única de vivir las circunstancias. Sin duda el avance tecnológico lo permite aún más. Con comunicaciones en directo y transportes más veloces. El viaje es una oportunidad para fortalecer vínculos.

- **El turismo internacional y argentino en números**

Para contextualizar, el turismo internacional viene aumentando año a año, tanto en cantidad de llegadas de turistas como en ingresos económicos. Según la OMT, en 2013, la cantidad internacional de llegadas de turistas internacionales registrados se ubicó en los 1.087 millones, mientras que, la cantidad de ingresos generados fue de 1.197 miles de millones; esto implicó un crecimiento del 42% en turistas y del 92% en ingresos, comparativamente con el 2004.

Los principales destinos internacionales a nivel regional del 2014 (fuente OMT), tanto en cantidad de turistas como en ingresos, Europa, Asia y el Pacífico, y las Américas. Aumentando fuertemente su share, en cantidades como en ingresos, Asia y el Pacífico.

La industria del turismo representa para ciertos países una de sus principales actividades. Tal es el caso de Grecia (6,7% del PBI), España (4,9% del PBI) y Turquía (4,2% del PBI), según datos del Banco Mundial del 2013.

Según el INDEC, en el 2014, la Argentina recibió 5.930 millones de turistas, un 13% más que en el 2013. Mientras que envió 6.517 millones de turistas al exterior, un 3% menos que en 2013. El saldo fue negativo, los turistas enviados fueron mayores a los recibidos en 586 mil. Entre los principales países emisores hacia la Argentina se destacan los países limítrofes [Chile (19%), Brasil (18%) y Uruguay (15%)] (70%), Europa (12%) y el resto de América (9%). Por el lado de principales destinos elegidos por los argentinos, prevalecen también los limítrofes [Brasil (21%), Chile (19%) y Uruguay (18%)] (74%), el resto de américa (11%) y Estados Unidos y Canadá (9%).

A continuación se presenta un gráfico con la evolución de los ingresos (turismo recibido) y egresos (turismo emitido) reportados por el turismo argentino del 2003 al 2013.

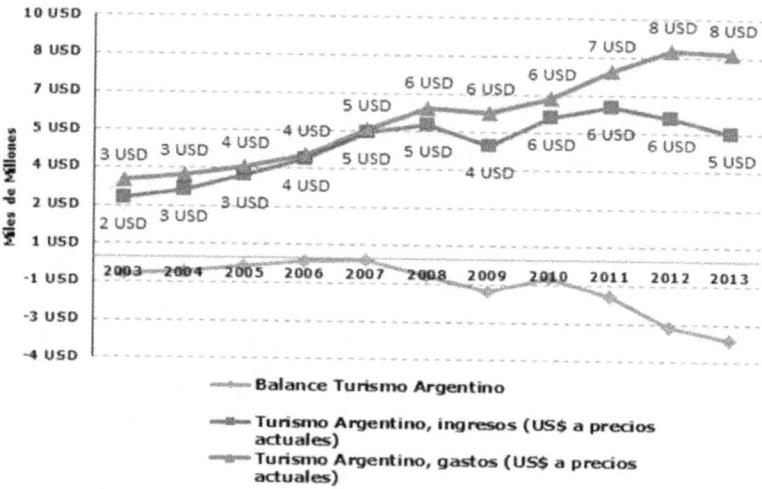

Se observa que el balance en miles de millones de dólares fue fuertemente deficitario del 2011 en adelante, es decir, los argentinos gastaron más con sus viajes al exterior que los ingresos reportados por el turismo extranjero en el país. Además del 2009, producto de la crisis internacional y la gripe porcina.

A nivel macroeconómico el turismo receptor es generalmente considerado como parte de las exportaciones, en cambio el emitido, en forma de importaciones. Donde, además de las fuentes de trabajo que genera el turismo, también se consideran relevantes sus implicancias sobre la demanda y oferta de divisas. Para esto es necesario observar la relación entre el balance de ingresos – egresos del turismo (considerado previamente) con respecto a las reservas del banco central.

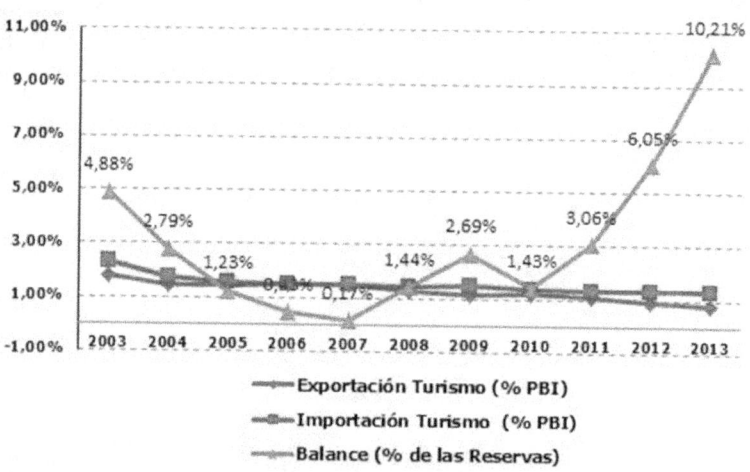

Del gráfico obtenemos que el peso sobre las reservas del déficit del balance de turismo internacional cobró también mayor relevancia a partir del 2011. Pasando del

6,05% en 2012 al 10,21% en 2013, en el porcentaje de reservas demandadas por parte del turismo. Mientras que las exportaciones de turismo (receptivo) no alcanzaron el 1% del PBI en 2013.

## 16. Al Compás de las Exportaciones (Julio 2013)

Es posible observar en la serie del Producto Bruto Interno (PBI) Argentino que el primer trimestre del año el producto crece menos que el último trimestre del año anterior, y en general es el menor del año en cuestión. Una coincidencia es que las exportaciones presentan el mismo movimiento a través del año, tienen tendencia creciente a partir del segundo trimestre del año. En menor o mayor proporción las exportaciones y su ciclo tienen relevancia sobre la configuración del PBI. En el 2009, las exportaciones se desplomaron interanualmente, de la misma forma que el producto. En el 2011, las XPO aumentaron considerablemente respecto al año anterior, con sus consecuencias sobre el PBI.

Existe un link entre estas dos variables XPO y PBI. Las XPO generadoras de divisas y de fortaleza para la moneda. Además si se quiere Importar, sobre todo tecnología que no producimos, tenemos que exportar o pedir préstamos. Creo que lo primero es lo más conveniente para todos.

Haciendo un doble click sobre las exportaciones del 2012, (los % son aproximaciones), se destinaron a China el 5%, al Aladi el 25%, al Nafta el 8%, a la UE el 14% y a Rusia-India el 2,5%. Principalmente las exportaciones fueron Manufacturas de Origen Agrícola (MOA) y Manufacturas de Origen Industrial (MOI), representando estas dos el 66% de las exportaciones.

Estos datos son contraintuitivos, ya que para China uno esperaba un mayor monto, además de esperar tener a los productos primarios como preponderantes.

Las exportaciones no lo son todo, pero un empujón al sector será positivo para el conjunto de la economía. Algunos dicen, bueno, bajemos las retenciones a las exportaciones, unido a la reducción del gasto público, para no generar déficits prolongados.

Cómo podemos pensar una Argentina que exporte mayor volumen, más diversificado y con mayor valor agregado?.

## 17. Redistribución (2010)

- **Acción Social**

A continuación expongo algunos lemas urbanos que pueden servirnos de guía para llevar a adelante proyectos.

- **Lemas**

1º Lo que le es inútil a uno, le puede servir a otro.
2º Hacer la máxima cantidad de cosas con los mínimos recursos.

En el contexto del país se nos plantean antagonismos que no tienen porque ser así. Por ejemplo: campo – industria y sector público – sector privado. Es parte de la idea del escrito iniciar un camino de finalización de esta oposición para dar comienzo a un complemento de las partes, unidos por un fin común, un bien común. Y llevarlo a la práctica en las pequeñas cosas para luego en los grandes proyectos.

La pobreza y la exclusión son problemáticas que nos atañen a todos y tenemos un llamado a no ser indiferentes frente a los que más sufren. Vincular necesidades es parte de la tarea para lograr el objetivo. Es decir, por un lado encontramos empresas con elevados márgenes de beneficios que quieren y pueden hacer un aporte de recursos para la comunidad pero no encuentran los medios para desarrollar un plan de responsabilidad social, y en la vereda de enfrente, se encuentran aquellas personas desamparadas que viven en villas o en situación de calle, que no alcanzan con sus ingresos a completar una dieta alimentaria, sin conseguir servicios básicos para el desarrollo de la vida cotidiana.

Poniendo en función el primer lema, encontramos que a las empresas pueden sobrarles recursos insignificantes para ellos: Libros, computadoras o equipo antiguo, hojas borrador, útiles y sillas en mal estado, por citar algunos ejemplos. Siendo recursos útiles para los desamparados.

Con el segundo Lema como impulsor, nos ponemos en acción consiguiendo que aquellos pocos e insignificantes recursos puedan tener una utilidad máxima en los desamparados (En el hogar y para los estudios como ejemplo) y lleguen a ellos.

El gran objetivo sería el de ser intermediarios entre las empresas y los desamparados, complementando al sector público y el sector privado, llamando a las empresas a la participación y a la solidaridad, y encontrando aquellas personas que puedan hacer útiles las cosas insignificantes para otros, dándoles el máximo uso. Siendo también un proyecto ecológico ya que se reutilizarán recursos que todavía tienen un tramo del ciclo de vida por cumplir (Por ejemplo: se evitaría el desperdicio de hojas, con lo que implica la obtención de una nueva).

## 18. ¿Cómo Interpretar la Tendencia?

Una serie general de tiempo (una función con el tiempo como dominio) puede descomponerse o contiene tres subseries: la tendencia, el ciclo y la estacionalidad.

La tendencia son los valores de la serie en el largo plazo (ej. un período mayor a un año). En segundo lugar, se encuentra el ciclo, que refleja los desvíos regulares de la serie general en el corto plazo (ej. menos de un año) respecto a la tendencia. Mientras que la estacionalidad son aquellos valores recurrentes de la serie general en un período (ej. un año), independientemente de la tendencia.

En las definiciones planteadas, se deduce que es la tendencia quien guía la mayor cantidad de componentes de la serie general. La tendencia se define a sí mismo y establece un sendero al ciclo. En algunos casos específicos, la estacionalidad supera el efecto de la [Tendencia / Ciclo]. Pero por lo general, los componentes [Tendencia / Ciclo], cogobiernan la serie general.

Es aquí donde comienza la controversia. ¿El planteo debe ser [Tendencia / Ciclo] o [Ciclo / Tendencia]?. Es decir, ¿el largo plazo determina el corto plazo o el corto plazo determina el largo plazo?.

Mi creencia es que no hay que descartar ninguna de las dos posibilidades y para notar cuál prevalece, es importante estudiar los cambios de tendencia y de ciclo; que sucede ex ante y ex post, sobre todo haciendo hincapié en la temporalidad de los cambios y si las variaciones de uno provocan el cambio de otro

## 19. ¿Las Monedas Virtuales Son Dinero?

El Bitcoin es un medio de cambio que se está utilizando de forma creciente en el mundo digital. Sin dudas, las autoridades nacionales tienen que poner el ojo sobre este medio de transacción, porque puede tener impacto tanto positivo como negativo sobre el conjunto de los ciudadanos.

La definición de dinero establece tres propiedades necesarias:

1. Medio de Cambio
2. Unidad de Cuenta
3. Reserva de Valor

Respecto al primer punto, la moneda virtual encuentra cada día más aceptación por parte de los usuarios de internet. Aumentó el nivel de transacciones del 2009 al presente.

En segundo lugar, ¿puede ser competencia como unidad de cuenta a las monedas de curso legal locales?, Si. Hoy en día, mayor cantidad de comercios minoristas presentan, por medio de sus canales de venta online, aceptación de las bitcoins para la compra de sus bienes y servicios.

Finalmente, ¿es una reserva de valor?, Si. Se registran casos de ahorro especulativo, estimando una mayor apreciación de las b. a futuro, y entonces así, un mayor volumen de tenencia.

Algunos hechos empíricos:

1. La moneda fundada en 2009, viene apreciándose (aumenta su valor por dólar estadounidense) a un ritmo considerable. Su referencia por el momento es contra el dólar.
2. La moneda es emitida con intereses privados por plataformas de compra y venta de bitcoins.
3. En el 2013, la legitimó el senado de Estados Unidos.
4. La US Securities and Exchange Comission (SEC), creó un fondo de divisa virtual y vende participaciones.
5. El buscador Chino "Baidú", la aceptó.

Si el fin "positivo" de la moneda virtual es brindar liquidez al sistema e innovar en el sistema de pagos, la misma en la mayoría de casos puede ser utilizada para fines contrarios a los intereses nacionales. Están siendo estudiados sus efectos sobre las burbujas financieras, el lavado de dinero y los secuestros virtuales de información. En pocas palabras, evasión a los fiscos y manipulación de los mercados.

Las emisiones privadas de dinero tuvieron su período trágico a fines del siglo XIX. La Argentina fue un claro ejemplo (crisis de 1890). De todas maneras, cabe resaltar la necesidad mundial de mayor cantidad de dinero para cumplir con los intercambios de los usuarios, quienes antes no tenían acceso a los mercados, y con las altas velocidades a las que se efectúan hoy las transacciones.

Es el comienzo de un debate entre los gobiernos nacionales y quienes gobiernan el mundo virtual, una lucha por el poder.

## 20. No Pensar que la Economía se Mueve Automáticamente

Es un concepto que manejan los economistas y, porque no, nuestro sentido común: "Las cosas se hacen solas". Romper con este pre concepto y saber quienes son los autores es muy importante a la hora de evaluar políticas públicas. Esto lleva a la reflexión sobre la responsabilidad.

Sumo además, una nueva e importante idea, la del estímulo o incentivo. La mayoría de las soluciones a los grandes problemas, a mi entender, proviene del estímulo o desincentivo de las personas y sus acciones.

La forma de combinar a los responsables y-con los estímulos en economía, en este caso, lo relacionaré con los componentes de demanda y de oferta, o viceversa. Los hacedores de política pública, llámese gobierno, tienen las palancas para estimular o desincentivar componentes de demanda y de oferta agregada.

Cabe resaltar que si se estimula uno de los dos componentes de esta balanza (demanda u oferta), y el opuesto no, se cae en exceso o des-balance. Y este des-balance no se resuelve automáticamente, como se suele pensar. Sino que se expresa mediante patologías macroeconómicas.

De este razonamiento, quiero deducir que si se incentiva un componente de la balanza, también debe ser estimulado el complementario (léase demanda y oferta, no solamente demanda u oferta).

Nota al pie: los componentes de oferta son mucho más difíciles de estimular que los de demanda, por eso se cae frecuentemente en los vicios de excesos de demanda).

## 21. Rosenstein Rodan Reloaded

En uno de sus escritos el autor recomienda a Europa del Este fortalecer la industria liviana y la agroindustria, creando una especie de fideicomisos con inversores nacionales y extranjeros, tomando la industria como un todo, y pagando según las utilidades que está crea. El estado comandaría estos fondos asegurando un mínimo %. Ahora bien, los países acreedores asegurarían compra de sus productos manufacturados a cambio de la importación de materias primarias (a la inversa de lo que sucede). De esta forma, las empresarios internacionales (Europa Occidental) no recibían desempleados migrantes y cobraban un interés por su capital externo excedente invertido.

¿Se parece a los planes vigentes?

## 22. Crecimiento a la Solow

Una de las mejores formas de crecer económicamente hablando, es la que se deduce del modelo de Solow. El cual explica la tendencia de la serie del PBI de los países, sobre todo de los desarrollados. Y esto se hace por medio del alcance de un superávit fiscal primario y una buena cantidad de base monetaria o de dinero en el sistema para aceitar los intercambios en los mercados ineficientes. Al menos es un horizonte al que se tiene que aspirar, a mi entender.

## 23. Las Ramificaciones de la Hipótesis de Kuznets

Si bien la hipótesis de Kuznets es una, es importante destacar la relación entre variables planteada por el economista. De aquella relación entre producto per cápita y distribución del ingreso (variable dependiente), se pueden establecer otras hipótesis también interesantes.

A continuación, se plantearán cuatro efectos lineales del crecimiento del producto bruto interno sobre la distribución del ingreso, medido como índice de Gini. Se buscará destacar las diferentes recomendaciones de política económica para países subdesarrollados (situados en el primer tramo de la curva), según se considere cada una de las distintas hipótesis.

1) Hipótesis de Kuznets

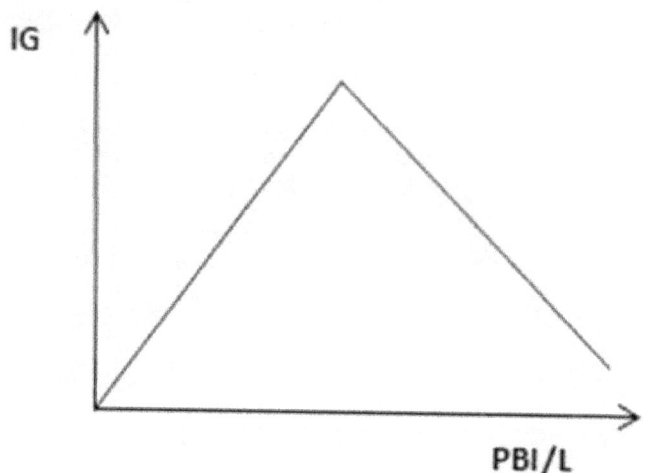

A medida que aumenta el crecimiento económico, en un primer tramo, aumenta la desigualdad económica.

Recomendaciones de política económica: favorecer a aquellos que ahorran más y, por lo tanto, que pueden hacer más inversiones. Incentivando sobre todo a los emprendedores. Esto impulsará el desarrollo económico, para llegar a una segunda fase.

2) Curva de Kuznets invertida

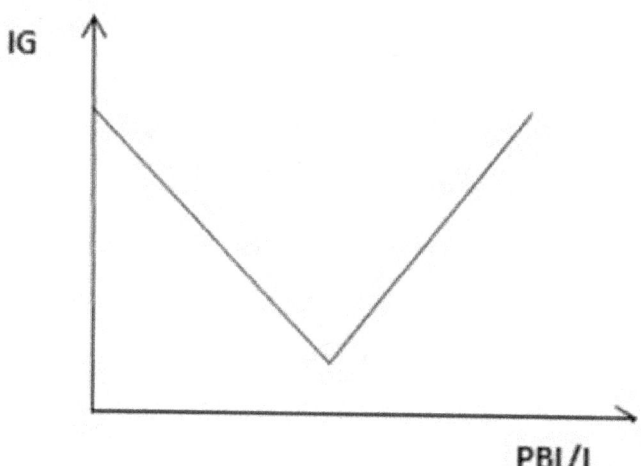

A medida que aumenta el crecimiento económico, en un primer tramo, disminuye la desigualdad económica.

Recomendaciones de política económica: situados en el primer tramo, medidas de defensa de la competencia o anti monopólicas, distribuir ingresos hacia los más necesitados, impuestos progresivos, aumentar el salario mínimo, invertir en educación pública; con un crecimiento económico más igualitario, a su vez, habrán más oportunidades de crecimiento.

3) Curva decreciente

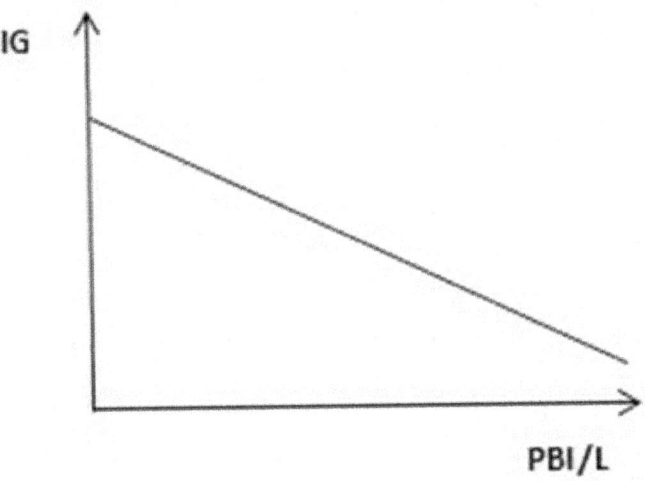

A medida que aumenta el crecimiento económico, disminuye a lo largo de todo el sendero la desigualdad económica.

En esta situación no existen fases, sino que directamente se plantean las condiciones del primer tramo del gráfico 2) para todo el sendero de desarrollo.

4) Curvas en forma de L

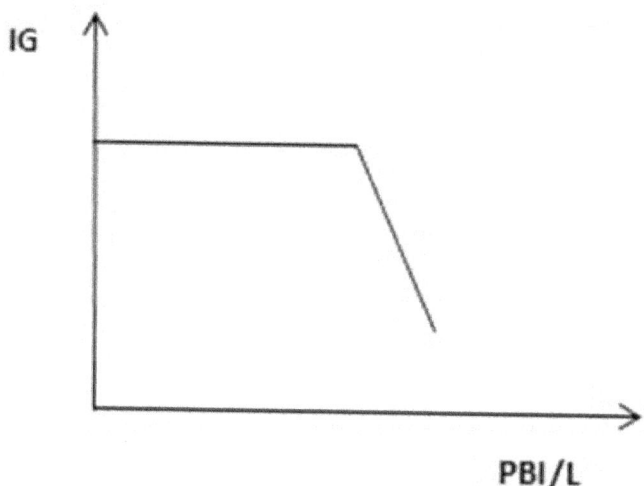

En una primera fase el crecimiento económico no genera cambios en la alta desigualdad del ingreso.

Recomendaciones de política económica: al ser independiente la desigualdad del ingreso al crecimiento económico, tiene que existir un crecimiento a gran escala (big push) para salir de aquella trampa y comenzar a reducir, entonces sí, la desigualdad económica.

- **Conclusión**

Cabe destacar el planteo metodológico del artículo, las recomendaciones de política económica varían según el cuerpo de ideas que tengamos como sustento.

## Capítulo 3: Economía de las Desigualdades

Cuando hablamos de desigualdades económicas, es importante mencionar qué piensa el mainstream neoclásico, aquellas ideas ortodoxas que predominan en el pensamiento de los economistas. Aquí cabe mencionar el núcleo del pensamiento, la asignación de los escasos factores productivos opera en el contexto de un sistema de premios y castigos, en cuanto a que quien administra mal los recursos tiene una pérdida y quien los asigna bien obtiene una ganancia (Benegas Lynch, 2003).

Las relaciones económicas son vistas como un juego de suma positiva: el descubrimiento de nuevo valor es lo que genera nueva riqueza. La capacidad de distintas y más valiosas transformaciones produce mayor riqueza. La riqueza no es un robo. La teoría de la productividad marginal se ha visto a veces como una teoría de los merecimientos (Clark, 1902).

Es el mercado el que indica la apreciación de resultados por parte de terceros y no el stock de talentos o del esfuerzo. Porque no se sabe cuánto se usó de los propios talentos y cuánto del esfuerzo.

La crítica al distribucionismo viene dada porque supone que la nueva producción o que el bien del cual dispone una persona es debido a que otra tiene menos, negando el merecimiento y el juego de suma positiva, donde se genera nuevo valor y riqueza. Y separa la distribución de la producción, cuando son parte del mismo circuito.

Por parte de los llamados Heterodoxos llamémosles "I" (Sen y Foster, 2001), el núcleo de su pensamiento parte de que el óptimo de Pareto es muy limitado. Esto quiere decir que no se tienen en cuenta las fallas de mercado y la competencia imperfecta, por lo tanto, no todos los precios se objetivan, pueden haber rendimientos crecientes a escala, economías externas, entre otros casos de anomalías. Se tienen que tener en cuenta entonces los altos pagos hechos a talentosos y personas productivas.

Surge entonces un nuevo concepto: las "capacidades" hacen alusión al trabajo. Las capacidades pueden no tener oportunidades para ponerse en práctica, y existen las adquiridas derivadas de la educación, el aprendizaje laboral y las oportunidades de aprendizaje.

Para este grupo del pensamiento las necesidades deben tener prioridad sobre el merecimiento como una base para los juicios distributivos como tales, y como se ve en el juego de las necesidades, esto nos direcciona a los incentivos y el control, los valores culturales (cultura del trabajo, confianza en el otro) y la cuestión de la tolerancia a la distribución desigual (por mérito –talento natural, eficiencia, esfuerzo- e incentivos –capacidades adquiridas-).
El concepto de igualdad de oportunidades está basado en el merecimiento y no siempre la educación lo logra.

En un segundo grupo de heterodoxos (Atkinson, 2016), el núcleo de pensamiento es que la igualdad de oportunidades se alcanza cuando las circunstancias no juegan un papel en el resultado final. Los salarios se determinan en función al esfuerzo en los estudios y no por la obtención de un puesto laboral por acomodo familiar.

Es importante distinguir entre igualdad de oportunidad competitiva y no competitiva. En el caso de la igualdad de oportunidades para competir, es importante reconocer que la estructura de premios está en gran medida construida socialmente. Existen recompensas desiguales ex post, y aquí entra en juego la desigualdad de resultados.

La desigualdad de resultados también es relevante. La desigualdad de oportunidades es un concepto ex ante –todas las personas debieran tener un punto de partida igual-, mientras que gran parte de la actividad redistributiva se ocupa de resultados ex post.

La desigualdad de resultados afecta directamente a la desigualdad de oportunidades para la próxima generación. Los individuos pueden esforzarse pero también tener mala suerte, aún si la igualdad de oportunidades ex ante existiera.

# Capítulo 4: Crecimiento por Diferenciación

El modelo convencional de crecimiento económico considera que los bienes son homogéneos. Mientras que el crecimiento propiamente dicho viene de la mano principalmente del cambio tecnológico, la educación y el ahorro. Sin embargo, los economistas aún tenemos mucho por explicar acerca de los senderos de crecimiento económico, ya que ciertas variables observadas escapan a estos modelos y no son explicadas. Estructura económica, desempleo, inflación, distribución del ingreso, poder de mercado, el valor de las monedas, entre otras variables.

Dada esta situación, el trabajo buscará un modelo que levante el supuesto de bienes homogéneos, implementando la teoría de los precios hedónicos. Una vez obtenido el modelo, se contrasta empíricamente vía corte transversal el modelo de Solow estándar con bienes heterogéneos, con datos del 2022 del Banco Mundial de 32 países en el período 2010-2019. Se concluye que el modelo de Solow estándar con bienes heterogéneos es una medida aproximada para explicar los datos del Banco Mundial.

## 1. Introducción

El presente ensayo buscará explicar los factores que influyen sobre el Producto Bruto por Trabajador de 32 países en el período 2010 – 2019 desde el punto de vista del Modelo Económico de Solow bajo el supuesto de bienes heterogéneos.

Para lograr este objetivo se desarrollan las teorías que sustentan el modelo, desde su aspecto microeconómico (microfundamentos) hasta su reflejo en una construcción macroeconómica de crecimiento económico de largo plazo. Por ende, se combinan dos teorías, la de bienes heterogéneos o precios hedónicos y el modelo de Solow estándar. La piedra angular de la investigación es el modelo de Solow estándar con el ejemplo de una función de producción Cobb-Douglas de tres factores.

El modelo planteado busca explicar el porqué del crecimiento económico, el rol del capital físico y humano, y la diferencia de Ingreso per Cápita entre países. En este último objetivo es donde juegan un rol relevante las características de la producción. Para ello, se utilizan en la contrastación empírica, como variables proxys, el porcentaje de PIB generado por los sectores agrícolas, industrial y de servicios, según la clasificación de las variables del

Banco Mundial (Indicadores de Desarrollo Mundial 2022).
Recordemos que el Modelo de Solow estándar supone que la sociedad produce con rendimientos decrecientes a escala un bien y que para convertir los insumos en productos se usan dos factores: Trabajo (L) y Capital Físico (K). Además, se supone que el conocimiento tecnológico (A) aumenta el nivel de producción del factor trabajo, es decir, que el progreso tecnológico es del tipo aumentador de trabajo o neutral a la Harrod. Las tasas de crecimiento de los trabajadores (n), del progreso tecnológico (g), la tasa de ahorro (s) y el nivel de depreciación del capital físico ($\delta$) son constantes. El trabajo de Mankiw, Romer y Weil (1992), fue una importante referencia para el presente ensayo.

Asimismo, el presente trabajo tuvo su inspiración en los artículos de George Akerlof (1970) "El Mercado de los Limones..." y de Sherwin Rosen (1974) sobre Precios Hedónicos; ambos sustentan sus trabajos levantando el supuesto de bienes homogéneos. En el caso de Akerlof, especificando la importancia de considerar para ciertos mercados el estado de incertidumbre que presentan ciertos agentes a la hora de realizar una transacción. Esa incertidumbre parte desde un punto de partida donde los bienes son heterogéneos, es decir, para el caso que presenta Akerlof, los limones o bienes de baja calidad son los que se venden primero, mientras que el vendedor conserva los bienes de alta calidad.

Unos años después, en 1974, Sherwin Rosen escribió su artículo sobre los Precios Hedónicos, ejemplificando la diferenciación de productos en competencia perfecta.

A nivel macroeconómico, en 1956, Robert Solow explicó su modelo de crecimiento económico utilizando el supuesto de producción agregada de un bien homogéneo. Esto se refleja en su función de producción agregada.

Si bien a priori no parece relevante el levantar un solo supuesto a un modelo económico, veremos a lo largo del estudio que sí lo será, impactando fuertemente sobre las conclusiones del mismo.

### 1. Objetivos del Presente Trabajo

Las hipótesis a contrastar empíricamente serán las siguientes:
   a. Evaluar si las variables independientes del modelo de Solow (la tasa promedio de ahorro doméstico respecto al Producto Bruto Interno, la tasa promedio de crecimiento de los trabajadores empleados, la tasa promedio de

conocimiento técnico y la tasa promedio de la depreciación del capital físico) tienen el efecto supuesto (la tasa promedio de ahorro doméstico respecto al Producto Bruto Interno tiene una relación directa, las demás una relación inversa) sobre el Producto por Trabajador de los 32 países elegidos en el período 2010-2019.
b. Analizar cuál o cuáles de los sectores productivos es el que mayor impacto tiene sobre el Producto por Trabajador de los 32 países elegidos en el período 2010-2019.

2. Fundamentos Teóricos de Bienes Hedónicos

Los fundamentos para el modelo del presente artículo tienen como pilares las conclusiones del artículo de Rosen (1974) sobre bienes hedónicos[1]. En el mismo se plantea que los bienes no son homogéneos, sino que presentan características denotadas por la función Z. La función Z es una función lineal de características. Se cita en el artículo de Rosen, una sumatoria lineal de características de un bien.

Los esquemas funcionales que se plantean llevan a Rosen a la siguiente función de utilidad:

$$U(X, Z) \qquad (1)$$

Mientras que los precios del bien que posee las características, dependen también de estas características que se observan en los bienes, siendo P una función de Z, es decir, P(Z). Se supone que el

$$P_{X=1}.$$

Por el lado de la firma, los costos y la función de producción quedarían de la siguiente forma:

$$C(M, Z; v) \qquad (2)$$

Nomenclatura:
M: Factores de producción

$V$: Precios de los factores de producción

$$Y(M, Z) \quad (3)$$

Con unas conductas maximizadoras por parte de los agentes en cuestión, los óptimos de corto plazo serían los siguientes:

Maximización de la Utilidad

$$\partial p / \partial z_i = p_i = U_{zi}/U_X$$, donde i=1,....,n y que se supone $p_X = 1$. Esto quiere decir que la tasa de cambio objetiva (TOC) debe ser igual a la tasa de cambio subjetiva (TCS), TOC = TCS.

Maximización de los Beneficios

$$p_i M = C_{zi}(M, Z) \quad ; i=1,....,n \quad (4)$$

$$p(z) = C_M(M, Z) \quad (5)$$

Por lo tanto, la productividad marginal de los factores tiene que ser igual a su coste marginal.

i. Equilibrio de Mercado de Largo Plazo

El equilibrio que interesa evaluar para el crecimiento económico es el de largo plazo, y según Rosen (1974), se cumple bajo los siguientes supuestos:

A. Las firmas varían su calidad según su voluntad y según la cantidad de establecimientos productivos que posean.
B. Las firmas construyen establecimientos productivos óptimos.
C. No hay restricciones a la entrada de firmas, por lo que el beneficio a largo plazo es igual a 0. Las economías de

escala son desarticuladas por la competencia.
D. Se cumple el óptimo donde la productividad marginal de los factores es igual al costo marginal de los mismos. Se Maximizan beneficios.
E. Los precios de bienes hedónicos son determinados por la oferta.

3. Crecimiento Económico fundamentado en un modelo híbrido

En la siguiente versión del modelo de crecimiento económico de largo plazo de Solow, la propensión marginal a ahorrar contiene la acumulación en capital físico y humano, el cual se encuentra diferenciado en el testeo de Mankiw, Romer y Weil (1992).

El modelo presenta entonces la siguiente función de producción agregada:

$$Y = K^{\alpha}(AL)^{1-\alpha-\beta}Z^{\beta} \quad (6)$$

donde K representa al insumo capital, A es la ventaja competitiva que tiene el factor trabajo al aplicar conocimiento de frontera a la producción, L es el insumo trabajo y Z corresponde a las características del bien final.

Los exponentes cumplen la siguiente condición:

$$1 > \alpha + \beta + \gamma \quad (7)$$

Lo que denota rendimientos decrecientes a escala, siguiendo el modelo de Mankiw, Romer y Weil (1992).

Las características de los bienes finales están modeladas por la siguiente ecuación:

$$Z = \prod_{i=1}^{3} Z_i \quad (8)$$

donde,
i: característica del bien final

En el presente modelo, las características que puede poseer el bien final son tres, a saber: características de bien primario, secundario o terciario. Es decir, típicas de los bienes agrícolas-ganaderos, manufacturas y servicios, respectivamente.

Se presentan, a continuación, las transformaciones necesarias para alcanzar la ecuación de equilibrio.

$$y = k^{\alpha} z^{\beta} \qquad (9)$$

$$y = \frac{Y}{AL} \qquad (10)$$

$$k = \frac{K}{AL} \qquad (11)$$

$$z = \frac{Z}{AL} \qquad (12)$$

Cabe mencionar las siguientes identidades fundamentales para el correcto desarrollo del modelo:

$$I = S \qquad (13)$$

$$I = \dot{K} + \delta K \qquad (14)$$

$$S = (s_k + s_z)Y \qquad (15)$$

La ecuación dinámica de la inversión se puede desdoblar en el adelanto de recursos en dos proyectos, el de capital y el de las especificaciones del producto, por ende:

$$\dot{k} = s_k k^\alpha - (n + g + \delta)k \qquad (16)$$

nomenclatura de variables no mencionadas previamente:

$s_k$: propensión marginal a ahorrar en capital por trabajador aumentado
n: crecimiento anual del número de trabajadores
g: crecimiento anual del cambio tecnológico
$\delta$: tasa de amortización nacional

En el equilibrio:

$$0 = s_k k^\alpha - (n + g + \delta)k \qquad (17)$$

Capital por trabajador aumentado, de equilibrio:

$$k^* = \left[\frac{s_k}{(n + g + \delta)}\right]^{\frac{1}{(1 - \alpha)}} \qquad (18)$$

Ecuación Dinámica de la Especificación Productiva:

$$0 = s_z z^\beta - (n + g + \delta)z \qquad (19)$$

$$z^* = \left[\frac{s_z}{(n+g+\delta)}\right]^{\frac{1}{(1-\beta)}}$$

(20)

Equilibrio del Producto por Trabajador aumentado

$$y^* = \left[\frac{s_k}{(n+g+\delta)}\right]^{\frac{\alpha}{(1-\alpha)}} \left[\frac{s_z}{(n+g+\delta)}\right]^{\frac{\beta}{(1-\beta)}}$$

(21)

A partir de aquí, se buscará la ecuación que explique el producto per cápita. Aplicando logaritmos naturales a ambos lados de la ecuación:

$$\text{Ln } y = \frac{\alpha}{(1-\alpha)} \text{Ln}\left[\frac{sk}{(n+g+\delta)}\right] + \frac{\beta}{(1-\beta)} \text{Ln}\left[\frac{sz}{(n+g+\delta)}\right]$$

(22)

$$\text{Ln } y = \frac{\alpha}{(1-\alpha)} \text{Ln } sk - \frac{\alpha(1-\beta)+\beta(1-\alpha)}{(1-\alpha)(1-\beta)} \text{Ln } (n+g+\delta) + \frac{\beta}{(1-\beta)} \text{Ln } sz$$

(23)

$$\text{Ln } \frac{Y}{L} - \text{Ln } A = \frac{\alpha}{(1-\alpha)} \text{Ln } sk - \frac{\alpha(1-\beta)+\beta(1-\alpha)}{(1-\alpha)(1-\beta)} \text{Ln } (n+g+\delta) + \frac{\beta}{(1-\beta)} \text{Ln } sz$$

(24)

Ecuación que busca explicar las causas del producto por trabajador:

$$\text{Ln}\left(\frac{Y}{L}\right)_i = \text{Ln } A_0 + \frac{\alpha}{(1-\alpha)}\text{Ln sk}_i - \frac{\alpha(1-\beta)+\beta(1-\alpha)}{(1-\alpha)(1-\beta)}\text{Ln }(n+g+\delta)_i + \frac{\beta}{(1-\beta)}\text{Ln sz}_i + \epsilon_i$$

(25)

Nomenclatura no mencionada previamente,
i: país

### 4. Metodología

Los modelos económicos son estimados por Mínimos Cuadrados Ordinarios (MCO). De esta forma se consiguen los mejores estimadores lineales e insesgados. Al evaluar un modelo económico (simplificación de la realidad), se lo considera estadísticamente correcto si: el $R^2$ es próximo a 1 (mayores a 0,4 en su defecto); el P-Value de los coeficientes estimados deben ser próximos a 0 (menores a 0,1 en su defecto). Como referencia se tiene al trabajo de Mankiw, Romer y Weil donde consideran relevante un modelo con un $R^2$ de 0,46.

El $R^2 = 1$ significa un ajuste perfecto, es decir que la variación total de la variable dependiente es explicada totalmente por la combinación lineal de los regresores. Mientras que el $R^2 = 0$ significa que no hay relación alguna entre la variable explicada y la o las explicativa/s. El $R^2$ ajustado, el cual decrece con la suma de variables explicativas sin poder de explicación, también es considerado.

En la investigación se usaron los promedios aritméticos de cada variable y la unidad muestral es el país. Los modelos son Log-Log con lo que se evidencia la elasticidad de la variable explicada respecto de la explicativa en los coeficientes estimados.

### 5. Contrastación Empírica del Modelo con Producción Heterogénea

Cabe resaltar algunas notas sobre el método utilizado para contrastar empíricamente la hipótesis del crecimiento económico con producción heterogénea. En primer lugar, como muestra se eligieron 32 países.

En segundo lugar, para realizarla se utilizó como sustento el modelo econométrico de Mankiw, Romer y Weil (1992). Esto implicó aplicar porcentajes de cambio tecnológico y amortización

($g + \delta$) como constantes entre los países seleccionados, sumando entre ambos 0,05. A su vez, a esta cifra se le sumó el crecimiento de la población económicamente activa de cada país en cuestión, obteniendo así ($n + g + \delta$).

Para la obtención de la cifra de cada variable por país, se obtuvieron los promedios de 10 años (2010-2019) de cada indicador.

Finalmente, se utilizaron las siguientes variables proxys de la fuente "Indicadores de Desarrollo Mundial" del Banco Mundial (2022), que se describen en el anexo:

- a. Agricultura, silvicultura y pesca, valor añadido (% del PIB): Característica 1 de la Función Z
- b. Industria (incluida la construcción), valor añadido (% del PIB): Característica 2 de la Función Z
- c. Servicios, valor añadido (% del PIB): : Característica 3 de la Función Z
- d. Población activa, total: la PEA se utilizó para obtener n
- e. Ahorro interior bruto (% del PIB): se utilizó para obtener sk
- f. PIB per cápita (dólares constantes de 2015)

A continuación, se presentan los resultados de la contrastación empírica con y sin intercepto:

- a. Modelo con Intercepto

A continuación, los resultados econométricos de contrastar empíricamente la ecuación (25).

| Estadísticas de la regresión | |
|---|---|
| Coeficiente de correlación múltiple | 0,94 |
| Coeficiente de determinación R^2 | 0,88 |
| R^2 ajustado | 0,86 |
| Error típico | 0,37 |
| Observaciones | 32 |

|  | Coeficientes | Error típico | Estadístico t | Probabilidad |
|---|---|---|---|---|
| Intercepción | 2,38 | 6,40 | 0,37 | 0,71 |
| Ln s | 0,53 | 0,32 | 1,64 | 0,11 |
| Ln $(n+g+\delta)$ | 0,30 | 0,39 | 0,78 | 0,44 |
| Ln $z_1$ (Agricultura, valor agregado (% del PIB)) | -0,76 | 0,15 | -5,08 | 0,00 |
| Ln $z_2$ (Industria, valor agregado (% del PIB)) | -0,22 | 0,57 | -0,38 | 0,71 |
| Ln $z_3$ (Servicios, valor agregado (% of PIB)) | 1,98 | 1,21 | 1,63 | 0,11 |

Es importante recalcar que el coeficiente de determinación $R^2$ es cercano a 1, por ende mayor a 0,45, que sería una medida mínima de aceptación generalmente utilizada.

En segundo lugar, los valores p se sitúan por debajo de los 0,71, pero son superiores a 0,1 que es una medida generalmente aceptada.

Ahora bien, respecto a los valores que adquieren los coeficientes asociados a cada variable, sorprende la elasticidad producto agregado por trabajador respecto a $(n+g+\delta)$. En teoría, este parámetro debería ser negativo. En ciertos países, el crecimiento poblacional se encuentra asociado a la incorporación de trabajadores / consumidores al mercado que antes no tenían acceso a las necesidades básicas. Es importante recordar que se utilizó el crecimiento de la PEA como indicador poblacional.

Finalmente, los coeficientes más relevantes son el intercepto y la característica "servicios" de la producción. Ambos coeficientes determinan una alta elasticidad respecto al uso de tecnología, tan relevante para el crecimiento económico en las últimas décadas. El intercepto contiene a las variables conocimiento y tecnología que generan una fuerte ventaja competitiva para cada uno de los países.

b. Modelo sin Intercepto

A continuación, los resultados econométricos de contrastar empíricamente la ecuación (25) sin intercepto.

| Estadísticas de la regresión | |
|---|---|
| Coeficiente de correlación múltiple | 1,00 |
| Coeficiente de determinación R^2 | 1,00 |
| R^2 ajustado | 0,96 |
| Error típico | 0,36 |
| Observaciones | 32 |

| | Coeficientes | Error típico | Estadístico t | Probabilidad |
|---|---|---|---|---|
| Ln s | 0,53 | 0,32 | 1,66 | 0,11 |
| Ln $(n+g+\delta)$ | 0,28 | 0,38 | 0,74 | 0,46 |
| Ln $Z_1$ (Agricultura, valor agregado (% del PIB)) | -0,72 | 0,10 | -7,20 | 0,00 |
| Ln $Z_2$ (Industria, valor agregado (% del PIB)) | -0,06 | 0,38 | -0,16 | 0,87 |
| Ln $Z_3$ (Servicios, valor agregado (% of PIB)) | 2,41 | 0,33 | 7,27 | 0,00 |

En el presente modelo sin intercepto, es importante recalcar que el coeficiente de determinación R^2 es cercano a 1, por lo tanto,

según este modelo las variables explicativas cumplen su función perfectamente respecto a la variable a explicar (producto por trabajador).
En segundo lugar, los valores p se sitúan por debajo de los 0,87, en algunos casos tiene su valor cercano al 0, y en otros son levemente superiores a 0,1, que es una medida generalmente aceptada de valor p.
Respecto a los valores que adquieren los coeficientes asociados a cada variables, nuevamente sorprende la elasticidad producto agregado por trabajador respecto a $(n+g+\delta)$. Se considera que es positivo por las mismas razones que en el modelo con intercepto. Asimismo, el coeficiente tiene un valor casi similar al modelo empírico de la sección anterior.
Finalmente, el coeficiente más relevante, y de mayor magnitud que el modelo precedente, lo tiene la característica "servicios" de la producción. Una explicación sería que la variable servicios hubiera absorbido todo el efecto de la variable conocimiento y tecnología del intercepto, que en este caso no se incluyó.
A su vez, el modelo se volvió casi dual en las características de producción, es decir los países tienen una estructura de producción agrícola o de servicios, pero no manufacturera (coeficiente cercano al 0). Una hipótesis explicativa sería decir que esto se debe principalmente a la concentración de la industria manufacturera mundial en China, disminuyendo entonces su peso específico a lo largo del resto del mundo.

### 6. Conclusiones

El modelo de crecimiento económico por diferenciación explicado en el presente ensayo deja entrever que la estructura económica de producción de los países es relevante a la hora de evaluar el indicador de bienestar producto por trabajador.
A lo largo del ensayo, se fue demostrando que tiene su fundamento en el modelo de bienes hedónicos, dado por la heterogeneidad de los productos y puesto de manifiesto por las características o especificidades de los mismos.
Los resultados arrojan conclusiones intuitivas, por ejemplo que el ahorro es relevante en el largo plazo. Sin embargo, es la característica "servicios" en la producción la que más efecto tiene sobre el producto por trabajador. Asimismo, se citó que el conocimiento y la tecnología tienen un rol preponderante.

Finalmente, algunas conclusiones mencionadas son que la integración de mayor población al entramado económico hace crecer el producto por trabajador y que las economías están tendiendo a tener estructuras duales, donde el mayor impacto proviene de las características de producción "agrícolas" o de "servicios", pero no de las "industriales".

## 7. Anexo

i. Variables Utilizadas (Fuente: Indicadores del Desarrollo Mundial del Banco Mundial - 2022)

a. Agricultura, silvicultura y pesca, valor añadido (% del PIB)

La agricultura, la silvicultura y la pesca corresponden a las divisiones 1-3 de la CIIU e incluyen la silvicultura, la caza y la pesca, así como los cultivos y la producción ganadera. El valor añadido es la producción neta de un sector tras sumar todos los productos y restar los insumos intermedios. Se calcula sin hacer deducciones por la depreciación de los activos fabricados o el agotamiento y la degradación de los recursos naturales. El origen del valor añadido viene determinado por la Clasificación Industrial Internacional Uniforme (CIIU), revisión 4. Nota: Para los países VAB, se utiliza como denominador el valor añadido bruto al coste de los factores.

b. Industria (incluida la construcción), valor añadido (% del PIB)

La industria (incluida la construcción) corresponde a las divisiones CIIU 05-43 e incluye la industria manufacturera (divisiones CIIU 10-33). Comprende el valor añadido de la minería, la industria manufacturera (que también se presenta como un subgrupo separado), la construcción, la electricidad, el agua y el gas. El valor añadido es la producción neta de un sector tras sumar todos los productos y restar los insumos intermedios. Se calcula sin hacer deducciones por la depreciación de los activos fabricados o el agotamiento y la degradación de los recursos naturales. El origen del valor añadido viene determinado por la Clasificación Industrial Internacional Uniforme (CIIU), revisión 4. Nota: Para los países VAB, se utiliza como denominador el valor añadido bruto al coste de los factores.

c. Servicios, valor añadido (% del PIB)

Los servicios corresponden a las divisiones 50-99 de la CIIU e incluyen el valor añadido del comercio al por mayor y al por menor (incluidos los hoteles y restaurantes), el transporte y los servicios gubernamentales, financieros, profesionales y personales, como la educación, la atención sanitaria y los servicios inmobiliarios. También se incluyen los gastos de servicios bancarios imputados, los derechos de importación y cualquier discrepancia estadística señalada por los compiladores nacionales, así como las discrepancias derivadas del reajuste. El valor añadido es la producción neta de un sector tras sumar todos los productos y restar los insumos intermedios. Se calcula sin hacer deducciones por la depreciación de los activos fabricados o el agotamiento y la degradación de los recursos naturales. El origen industrial del valor añadido viene determinado por la Clasificación Industrial Internacional Uniforme (CIIU), revisión 3 o 4.

d. Población activa, total

La fuerza laboral comprende a las personas de 15 años o más que suministran mano de obra para la producción de bienes y servicios durante un período determinado. Incluye a las personas que actualmente están empleadas y a las que están desempleadas pero buscan trabajo, así como a las que buscan empleo por primera vez. Sin embargo, no se incluye a todos los que trabajan. A menudo se omiten los trabajadores no remunerados, los trabajadores familiares y los estudiantes, y algunos países no cuentan los miembros de las fuerzas armadas. El tamaño de la población activa tiende a variar durante el año, ya que los trabajadores estacionales entran y salen.

e. Ahorro interior bruto (% del PIB)

El ahorro interno bruto se calcula como el PIB menos el gasto de consumo final (consumo total).

f. PIB per cápita (dólares constantes de 2015)

El PIB per cápita es el producto interior bruto dividido por la población a mitad de año. El PIB es la suma del valor añadido bruto de todos los productores residentes en la economía más los impuestos sobre los productos y menos las subvenciones no incluidas en el valor de los productos. Se calcula sin hacer deducciones por la depreciación de los activos fabricados o por el agotamiento y la degradación de los recursos naturales. Los datos están en dólares estadounidenses constantes de 2015.

## Muestra

| # | País | PIB per cápita (US$ a precios constantes de 2015) | Ahorro Bruto Doméstico (% PIB) | (n+g+ amortización) | Agricultura, valor agregado (% del PIB) | Industria, valor agregado (% del PIB) | Services, valor agregado (% del PIB) |
|---|---|---|---|---|---|---|---|
| 1 | Alemania | 41052,10 | 26,91 | 0,06 | 0,81 | 27,15 | 62,02 |
| 2 | Arabia Saudita | 20008,26 | 41,22 | 0,10 | 2,36 | 53,30 | 44,36 |
| 3 | Argentina | 13584,94 | 17,50 | 0,06 | 5,90 | 23,79 | 54,44 |
| 4 | Australia | 56392,52 | 25,72 | 0,07 | 2,33 | 24,79 | 66,26 |
| 5 | Bolivia | 2954,63 | 19,67 | 0,07 | 10,64 | 27,43 | 45,10 |
| 6 | Brasil | 8817,52 | 17,68 | 0,06 | 4,41 | 20,33 | 60,95 |
| 7 | China | 7834,13 | 47,06 | 0,05 | 8,33 | 42,43 | 49,24 |
| 8 | Colombia | 5946,44 | 18,53 | 0,07 | 6,04 | 29,79 | 55,13 |
| 9 | Corea, República de | 28499,82 | 35,36 | 0,06 | 1,98 | 34,12 | 55,40 |
| 10 | Croacia | 12314,01 | 19,95 | 0,04 | 3,18 | 20,72 | 59,65 |
| 11 | Dinamarca | 53628,48 | 27,26 | 0,05 | 1,23 | 20,36 | 65,06 |
| 12 | Ecuador | 5902,51 | 25,53 | 0,08 | 9,19 | 34,57 | 50,54 |
| 13 | Eslovenia | 21443,56 | 26,10 | 0,05 | 2,01 | 27,79 | 57,04 |
| 14 | España | 26016,89 | 21,96 | 0,05 | 2,61 | 20,68 | 67,89 |
| 15 | Estados Unidos | 56344,64 | 17,33 | 0,06 | 1,07 | 18,80 | 76,56 |
| 16 | Federación de Rusia | 9428,01 | 29,79 | 0,05 | 3,39 | 29,91 | 54,98 |
| 17 | Finlandia | 44104,21 | 22,67 | 0,05 | 2,34 | 24,01 | 60,11 |
| 18 | Francia | 36916,06 | 21,89 | 0,05 | 1,57 | 17,64 | 70,29 |
| 19 | Grecia | 18699,18 | 10,07 | 0,04 | 3,52 | 14,30 | 69,90 |
| 20 | India | 1583,30 | 31,29 | 0,06 | 16,67 | 27,74 | 47,29 |
| 21 | Indonesia | 3286,04 | 33,81 | 0,07 | 13,32 | 41,23 | 42,41 |
| 22 | Irlanda | 57426,00 | 46,49 | 0,06 | 1,03 | 30,62 | 60,41 |
| 23 | Israel | 35818,63 | 22,21 | 0,07 | 1,30 | 19,71 | 68,78 |
| 24 | Italia | 31156,65 | 20,01 | 0,06 | 1,96 | 21,33 | 66,54 |
| 25 | Japón | 34678,96 | 24,12 | 0,05 | 1,07 | 27,95 | 70,45 |
| 26 | Letonia | 13527,28 | 21,12 | 0,04 | 3,58 | 19,50 | 64,79 |
| 27 | Lituania | 14136,58 | 20,49 | 0,05 | 3,35 | 26,66 | 60,11 |
| 28 | México | 9492,13 | 22,82 | 0,07 | 3,24 | 31,56 | 60,34 |
| 29 | Países Bajos | 45648,01 | 29,85 | 0,06 | 1,72 | 18,64 | 69,49 |
| 30 | Reino Unido | 44979,16 | 15,76 | 0,06 | 0,63 | 18,26 | 70,51 |
| 31 | Suiza | 84805,69 | 36,48 | 0,06 | 0,65 | 24,77 | 71,45 |
| 32 | Turquía | 10614,37 | 25,62 | 0,08 | 6,93 | 27,55 | 54,06 |

## Residuos

### a. Con Intercepto

## Residuos - Prod. Mg Ahorrar

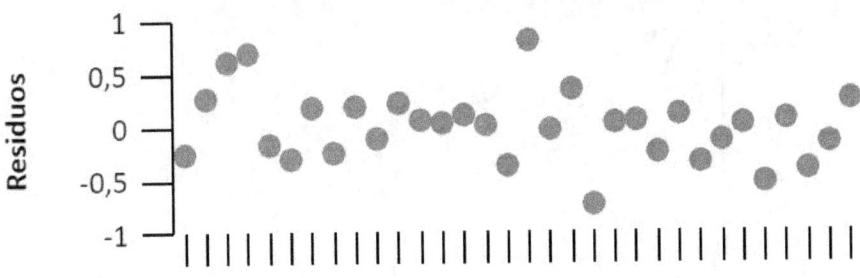

Prod. Mg Ahorrar

## Residuos (n+g+amortización)

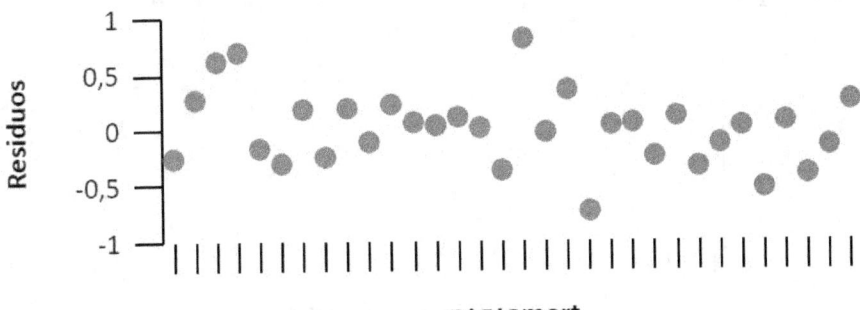

n+g+amort

## Residuos - Agricultura, valor agregado (% del PIB)

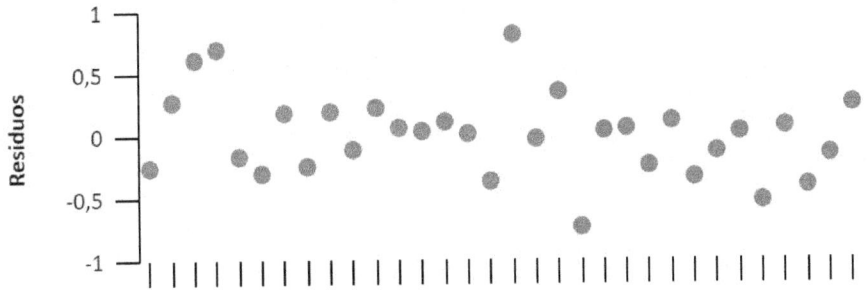

Agricultura, valor agregado (% del PIB)

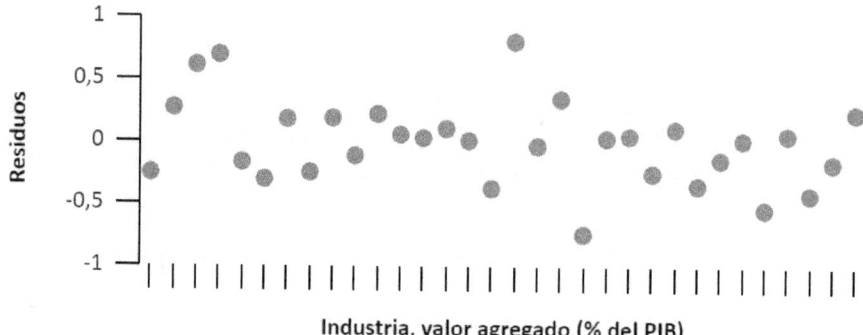

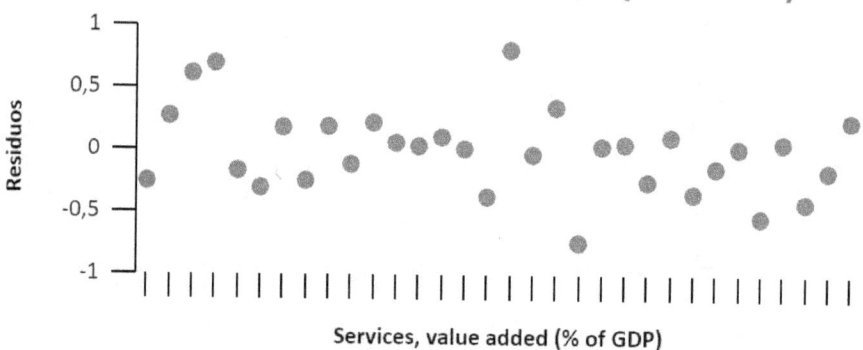

b. Sin Intercepto

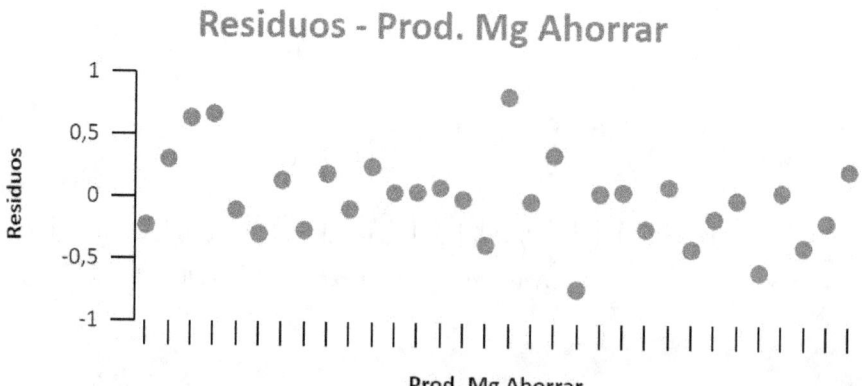

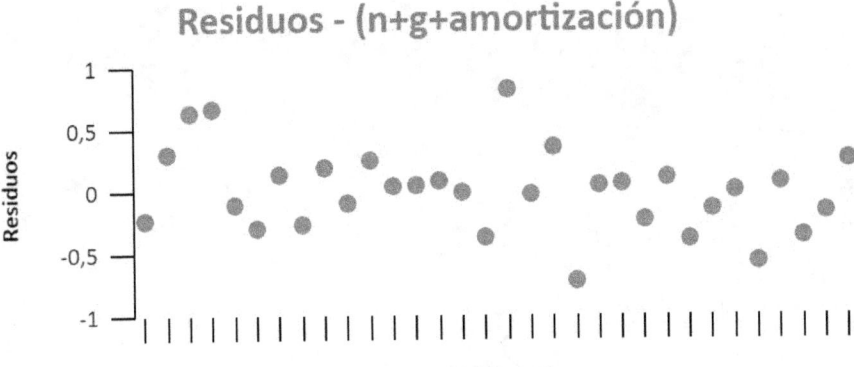

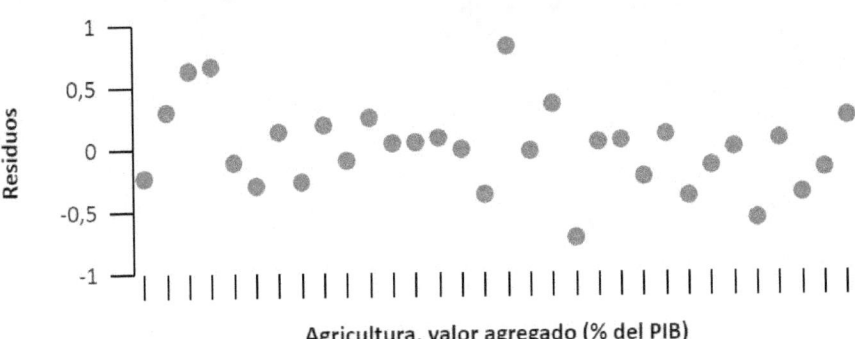

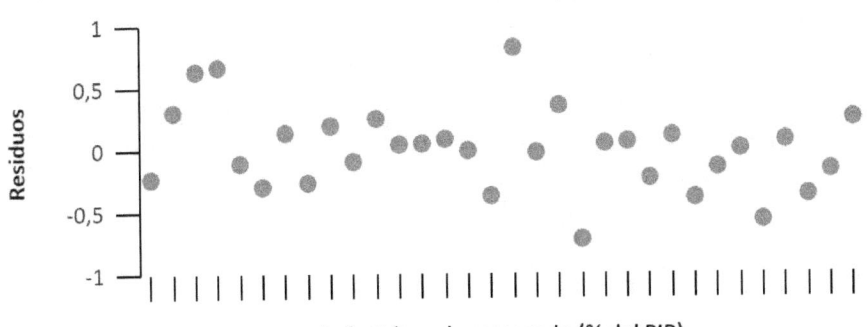

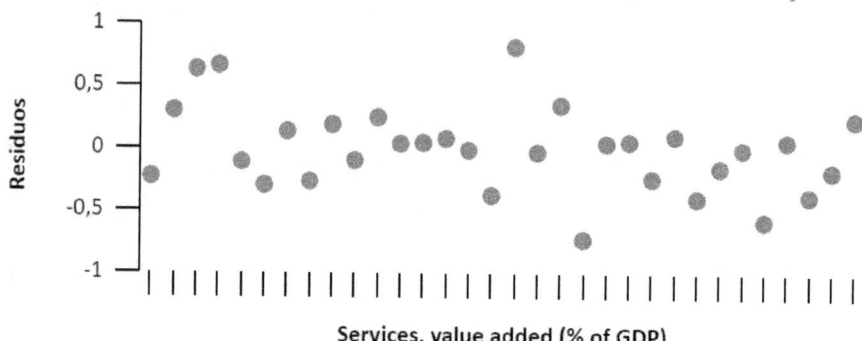

# Capítulo 5: Estructura del Valor de las Monedas Internacionales

El presente ensayo buscará los fundamentos del valor de las diferentes monedas internacionales, a excepción de las llamadas monedas "fuertes", es decir, excluyendo las monedas de EE.UU, la UE y China (dólar estadounidense, euro y yuan chino). Se elaborará un modelo que vincule estos tipos de monedas para el intercambio internacional y se desarrollará toda una red de variables implicadas en estos movimientos.

## 1. Introducción

El ensayo destaca la importancia que tiene para las economías subdesarrolladas y en desarrollo, la relación entre su moneda local con una moneda internacional de referencia. Hasta el punto de generar consecuencias negativas como inflación y recesión, haciendo implosionar economías locales y regionales.

Se armará un modelo consistente de los cuales se desprenden conclusiones que serán puestas a prueba.

## 2. Entender la Dinámica Monetaria

Antes de estudiar los equilibrios entre monedas locales de países no desarrollados y sus referentes monetarios, cabe destacar el mundo en que se sitúan los países bajo análisis. Las divisas hegemónicas con las que se opera en el Mundo son el dólar estadounidense, el euro y el yuan chino. Asimismo, se encuentran establecidos desde las diferentes bolsas de valores del mundo, mercados a futuro para estas divisas. Por lo tanto, estas monedas están actualmente y estarán arraigadas en el comercio internacional por al menos 10 años.

Es relevante también para los países no desarrollados conocer las acciones que llevarán adelante los gobiernos de Estados Unidos, Bruselas - la Unión Europea (UE) y China, respecto a la emisión monetaria, el control del desempleo local y de la inflación que experimenten sus bienes y servicios.

En el presente ensayo se estudiará sobre todo el efecto de la

Inflación externa que capta el resto del mundo, a partir de las medidas adoptadas por estas tres grandes economías.

Sin embargo, también es necesario prestar atención a la emisión monetaria, el desempleo y la inflación interna en el resto del mundo.

Veremos entonces que las expectativas racionales y las reservas locales, como ahorro de moneda fuerte en los países no desarrollados, juegan papeles primordiales a la hora de evaluar en el tiempo las fluctuaciones del tipo de cambio respecto a las monedas de referencia.

### 3. La Relevancia del Rol del Estado y su Política Fiscal

¿El Estado es rentable socialmente hablando?. Se inicia la presente sección con esta pregunta porque es central para definir las funciones del aparato administrativo. Es el Gobierno quien tiene que constantemente evaluar la pregunta formulada. Sobre cada una de las líneas de servicios públicos que se proveen.

Una vez hecho este análisis exhaustivo, si todas las líneas de servicios públicos son rentables socialmente hablando, entonces debería en el mediano plazo reducirse el déficit fiscal que pueda pre existir. Esto es así, ya que la rentabilidad social del estado tiene que impulsar sin lugar a dudas el crecimiento y el desarrollo de cualquier economía.

Por ende, los déficit fiscales acumulados en el tiempo, denotan que no se ha realizado correctamente este ejercicio planteado, generando solamente mayor endeudamiento, a mayores tasas que otros países.

### 4. Modelando Equilibrios entre Monedas Internacionales

A continuación, se presentará un modelo de equilibrio entre monedas internacionales, específicamente dos monedas, donde una es fuerte y la otra es débil, en términos de la ley de la Gresham.

Se trabaja sobre el supuesto que no se demandan otros activos financieros porque el escenario es de alta inflación con tasa de interés real negativa, por ende, la elección es entre dinero local o moneda de referencia.

(a) *Moneda Local / Moneda de Referencia* = $TC$ = $F(Inflación\ interna - Inflación\ externa)$ = $F(OML - DML + DD - VM)$

**Nomenclatura**

TC: Tipo de Cambio

DD: Demanda de divisas

OML: oferta de moneda local, determinada por el BC de cada país.

DML: demanda de moneda local

VM: Valor Monetario

(b) $VM = Reservas\ (t-1) + Reservas\ (t) = R\ Acum.$

**Nomenclatura**

R Acum.: Reservas Acumuladas

(c) $R = X + I + Do + i^*$

**Nomenclatura**

X: exportaciones

I: Inversiones extranjeras en el país local

Do: divisas atesoradas

$i^*$: tasa de interés externa

(d) $DD = M + IeE$

**Nomenclatura**

M: importaciones

IeE: Inversión en el extranjero

(e) $DML = Y - T - i$

**Nomenclatura**

Y: PIB

T: impuestos

i: tasa de interés local

Combinando (a), (b), (c), (d) y (e)

(f) $TC = F(DD - R\ Acum. + OML - DML) = F(M + IeE - R\ Acum. + OML - Y + T + i)$

(g) $TC = F(M + IeE - X - I - Do - i^* + OML - Y + T + i)$

(h) $TC = F(-Do + OML + iN - XN - YN - IN)$

**Nomenclatura**

iN: interés neto

XN: Exportaciones netas

YN: Producto interno neto

IN: inversión neta

## 5. Conclusión

Del modelo de equilibrio presentado se desprende que los principales determinantes de las fluctuaciones de tipo de cambio contra moneda de referencia son:

1. Relación inversa con las divisas atesoradas por una economía local. Atesoradas por los agentes privados y que se encuentran fuera del sistema o "debajo del colchón". Si los agentes económicos acumulan moneda fuerte, las reservas aumentarán y, por lo tanto, se apreciará la moneda.
2. Relación positiva con la oferta monetaria local, se vuelve abundante la moneda local respecto a la de referencia.
3. Relación positiva con el interés neto, debido a que si sube la tasa de interés local baja la demanda de dinero y más moneda local habrá en circulación. Por otro lado, si la tasa de interés internacional sube, mayores reservas acumuladas tendrá la economía y se apreciará la moneda local.
4. Relación inversa con las exportaciones netas, generadoras de divisas.
5. Relación inversa con el Producto Interno Neto, a mayor actividad mayor necesidad de uso tiene la moneda local.
6. Relación inversa con la Inversión Neta, a mayor inversión dentro de la economía local, se incorpora al

mercado mayor cantidad de moneda fuerte.

Las consecuencias que surgen del modelo a raíz de estas volatilidades, son:

Las reservas adquieren importante relevancia, al punto que, no importa si están en manos del estado o del privado, que le dan poder adquisitivo a la moneda local. Un poco contra intuitivo, ya que quitar dinero fuerte del sistema puede provocar abundancia de la moneda local y mayor tipo de cambio. Sin embargo, si se encuentra atesorado, pero dentro del sistema parecería cumplir este requisito.

Por otro lado, el spread de tasa de interés parecería jugar un efecto inverso en la realidad. Mayor tasa de interés local, lleva a ahorro en moneda local, y viceversa.

Las demás relaciones parecen ser consistentes con la realidad y lógicas.

# Capítulo 6: Impactos Positivos de la Economía Informal

En el presente ensayo teórico se buscará desarrollar el concepto de economía informal, en contraposición al de economía formal. A pesar de esto, se explicarán las interacciones entre ambos. Asimismo, estudiará las acciones de los agentes informales, es decir, de aquellos que participan de los mercados informales. Por otro lado, se menciona el rol positivo de estas economías, sobre todo, ante las crisis económicas. Y se relacionarán postulados de economía como son el de convergencia, inflación y crecimiento económico con la informalidad de las economías.

## 1. Introducción

Desde la publicación del libro El Capital en el siglo XXI, de Piketty, la literatura económica ha desarrollado vastos ensayos y artículos sobre el tópico economía de las desigualdades. Asimismo, los gobernantes han puesto ojo sobre la relevancia de atacar la pobreza y las desigualdades, en pos de lograr el desarrollo de sus economías nacionales. En los últimos años, la economía China ha sido paradigma de crecimiento y desarrollo económico, gracias a la integración de gran parte de sus ciudadanos de menores recursos al mercado local, y se estableció nuevamente un orden de la economía mundial bipolar, compartiendo centro junto a los Estados Unidos de América.

Como un desprendimiento natural de estas cuestiones mencionadas, se presenta la importancia de estudiar la informalidad de las economías en los tiempos corrientes, donde ante las constantes crisis económicas, la economía informal se consolida como una solución, a veces no deseada, con su función anticíclica y amortiguadora de las grandes caídas del PIB.

El presente ensayo buscará demostrar que no todo lo que refiere a economía informal es maligno para una sociedad. De hecho, los costos de entrada y la falta de capital humano para integrarse al mercado formal por significativos porcentajes de individuos (que luego llamaremos agentes informales), hacen que en busca de su supervivencia adopten métodos no convencionales para lograr su dignidad.

## 2. Diferencias entre Economía Sumergida e Informal

Desde la óptica del presente estudio, y en términos de grupos matemáticos, la economía sumergida contiene a la economía informal, y, a su vez, la economía informal al caso específico de trabajadores no declarados.

Sin embargo, la economía sumergida incluye actividades ilegales graves que perjudican fuertemente a la economía en su conjunto, como ser el narcotráfico, el tráfico de armas y la trata de personas. El presente ensayo analizará diversas cuestiones asociadas a la economía informal, definida por la Organización Internacional del Trabajo (OIT), 2002, como "al conjunto de actividades económicas desarrolladas por los trabajadores y las unidades económicas que, tanto en la legislación como en la práctica, están insuficientemente contempladas por sistemas formales o no lo están en absoluto. Las actividades de esas personas o empresas no están recogidas por la ley, lo que significa que se desempeñan al margen de ella; o no están contempladas en la práctica, es decir que, si bien estas personas operan dentro del ámbito de la ley, ésta no se aplica o no se cumple; o la propia ley no fomenta su cumplimiento por ser inadecuada, engorrosa o imponer costos excesivos".

Asimismo, la OIT hace alusión a "un agudo déficit de trabajo decente y un porcentaje desproporcionado de trabajadores pobres"

### 3. Historia de la Economía Informal

Una versión de la historia de la economía informal podría remontarse a los inicios del capitalismo, es decir, y hasta yendo un poco más lejos al surgimiento de los mercados y los mercaderes. La historia entonces se encuentra asociada a la suerte de los buhoneros, mercachifles, artesanos y vendedores ambulantes. La conformación del mercado como espacio de intercambio y regateo. Al movimiento de estos agentes de mercado a mercado, ofreciendo sus productos y recibiendo una paga, sin reportar beneficio a nadie. Estamos hablando de tiempos previos a la conformación de los Estados Nacionales (1648).

Ante este contexto, un grupo de individuos hacía fluir sus bienes y dinero, activamente, sin gran control de los señores que ejercían la fuerza sobre territorios determinados.

A pesar de esto, los comerciantes ofrecían en los mercados productos de tierras lejanas y cercanas, y eran útiles para quienes solicitaban sus servicios.

Los Estados Nacionales, como monopolio legítimo de la fuerza sobre un territorio determinado, fueron debilitando el accionar "libre" de los buhoneros, estableciendo mayor cantidad de aduanas, controlando la entrada y salida de productos, y recolectando los beneficios de estos individuos.

Desde la década de los 80´ del siglo XX, se registra que las economías informales han cobrado protagonismo, especialmente en países en desarrollo, pero también en menor medida en países desarrollados, bajo el concepto de trabajos no estándares (Carr y Alter Chen, 2001). De esta forma, puede observarse que es un fenómeno que afecta a todas las economías nacionales.

### 4. Las acciones económicas de los agentes informales

Los agentes informales son los que realizan acciones informales dentro de la economía en conjunto, teniendo interacción con el mercado formal e informal. Aunque sus fuentes de ingresos sean por medios informales, siguen operando como cualquier agente formal, es decir, consumen, ahorran e invierten, y se ven afectados por la inflación, las recesiones, crisis financieras y de tipo de cambio.

Son altos los costos de ingreso, o las barreras al acceso a la economía formal, al igual que en la utilización de los procesos judiciales. Estos agentes se encuentran desamparados ante la falta de alternativas para desarrollar su potencial.

Sus operaciones son principalmente por medios físicos, es decir, con billetes y monedas. No teniendo acceso a las facilidades financieras de los agentes formales. Sus ahorros pueden ser víctimas de robos o hurtos. Las inversiones más frecuentes son en maquinaria para poder llevar a cabo su oficio.

Por otro lado, están fuertemente desprotegidos ante la inflación, no viendo compensados sus ahorros por ningún tipo de interés. Mientras que el dinero atesorado fuera del sistema, no entra en el juego del multiplicador del dinero.

Asimismo, para el caso de los países subdesarrollados, los agentes informales al no tener posibilidad de resguardar su dinero en moneda extranjera que conserve el valor, se ven impactados por depreciaciones estructurales de monedas locales. Sin embargo, ante crisis financieras y recesiones, en ciertos casos florece la actividad informal, debido a que los agentes formales comienzan a atesorar su dinero fuera del sistema bancario y a relacionarse con los agentes informales, quienes ofrecen bienes y servicios a menores costos.

Una característica que destaca en las economías informales

es la presencia de mayoría de emprendedores o trabajadores autónomos. En contraposición, la economía formal posee gran cantidad de trabajadores dependientes de administradores únicos.

### 5. Mercado Formal e Informal: interrelaciones

En pocas palabras, el mercado formal se encuentra vigilado por el Estado, mientras que el informal es invisible a los ojos de los poderes judiciales estatales. Salvo en los casos de corrupción, donde el estado es parcial en su accionar respecto a los hechos observados del mercado informal.

Dichas estas condiciones, la interacción entre ambos mercados es continua, esto quiere decir que los recursos de la economía informal provienen de la economía formal, y los usos de los recursos de la informalidad, van a parar a la economía formal. Se retroalimentan.

### 6. Estructura Económica Formal e Informal

La estructura clásica de una economía puede definirse según sus sectores primario, secundario y terciario. Sin embargo, en esta sección nos centraremos en la frontera de posibilidades de producción de una economía, es decir, cuál es el uso más eficiente que se le puede dar a los recursos. Esto se refleja en la tendencia de la actividad económica.

Ahora bien, si el mercado formal tiene un potencial, el informal puede potenciar aún más el crecimiento a largo plazo. Para esto es de vital importancia analizar los recursos de una economía tanto los provenientes de agentes formales como de informales. Variables proxys como son la población económicamente activa, y el capital físico, financiero y humano disponible, pueden ayudar en su medición.

Es importante citar las causas de la economía informal (García Díaz, 2013), y en esto se destacan dos tipos: la causa por expulsión (los agentes pueden hacer gastos mínimos) y por exclusión (falta de confianza en las instituciones por falta de contrapartida entre impuestos y servicios públicos).

### 7. Volatilidad de la desigualdad económica

La desigualdad de los ingresos puede ser perjudicial para las economías en su conjunto, impactando sobre el crecimiento económico y generando malestar social. Este flagelo se agrava aún más por el gran tamaño de las economías informales respecto a las formales.

Si reducir la volatilidad en la desigualdad de los ingresos económicos es un objetivo de política económica, mejorar las condiciones del mercado informal y sus agentes es fundamental para el despegue del desarrollo económico de un país. Esto, sin lugar a dudas, sería integrar a los agentes informales en la economía formal.

Debido a la baja calidad de los trabajos de la economía informal, mejorar sus condiciones hace que la brecha entre ricos y pobres se reduzca fuertemente. El mejoramiento de las condiciones implica que los gobiernos apliquen acciones direccionadas a crear canales para mejorar el capital humano de los más desfavorecidos, brindar acceso a financiamiento de sus actividades junto al asesoramiento de la gestión del pequeño negocio y, formación y reducción de costos para regularizar sus situaciones fiscales. Asimismo, según la CAF, 2017, "ofrecer información sobre potenciales beneficios de formalizarse, el régimen tributario y sanciones incide en la tenencia de instrumentos de formalización".

En un estado ideal, la volatilidad de los ingresos de los trabajadores está controlada y se mantiene dentro de un rango objetivo para los gobiernos. Si el rango respecto al salario medio tiene una gran amplitud, entonces los gobiernos tienen que actuar y la principal palanca es mejorando las condiciones o integrando individuos a la economía informal. Esto se debe a que la economía informal es la que tiene mayor impacto sobre la desigualdad de los ingresos. Consecuentemente, las políticas de estado pueden establecer un rango objetivo con el cual comprometerse para eliminar las altas volatilidades en este precio.

8. Aspectos Positivos de la Economía Informal para con la Economía formal

Mencionada la definición de economía informal, comprobando la existencia de la misma, y la interacción entre ambos tipos de economías, se buscará justificar la necesidad y el sentido de su existencia.

Los aspectos positivos de la Economía informal hacen de la misma que sea necesaria y permitida hasta cierto grado por los estados. Los aspectos positivos se pueden enumerar de la siguiente forma:

1. Función anticíclica, amortiguadora de crisis económicas.

2. Brinda posibilidades laborales donde existen prejuicios.
3. Concede empleos ante redes de contactos fijos excluyentes.
4. Establece contratos solidarios entre las partes involucradas, genera compromisos y promesas de palabras.
5. Establece financiamiento donde no existen estándares de mercado para poder acceder al crédito o préstamo bancario.
6. Mantiene la actividad laboral de los trabajadores, con su impacto psicológico, favoreciendo la construcción de tejido laboral.
7. Fomenta principalmente oficios donde antes no había conocimientos ni cultura del trabajo.

### 9. La Economía Informal como límite a la convergencia entre países desarrollados y subdesarrollados

Una de las definiciones que surgen del modelo de Solow, es la convergencia del producto per cápita entre los países desarrollados y subdesarrollados. Esto se explica debido a las altas tasas de rentabilidad que deberían reportar las economías subdesarrolladas. Allí donde existe escasez de capital, la rentabilidad tiene que ser mayor. Por ende, los flujos de capitales de países desarrollados a subdesarrollados debería ser la norma y no la excepción.

Sin embargo, en la realidad esto no sucede. Uno de los principales factores que condicionan este flujo de capitales es la imposibilidad de inversiones extranjeras donde no se puede medir la rentabilidad ni es comprobable la seguridad jurídica del destino de la inversión. La economía informal es una de las causas de estos dos aspectos negativos para fomentar la inversión. De la misma forma, la inversión local tampoco avanza fuertemente en la integración de la economía informal, por las mismas razones.

Con estas hipótesis, se deja en claro que la existencia de una economía informal amplia pone un límite al desarrollo de las naciones.

### 10. Trampa de Pobreza y Economía Informal

Continuando con el concepto de estancamiento en materia de desarrollo de las naciones, la integración de la economía informal a la formal no se realiza de manera espontánea. Si se quiere promover un gran impulso o "big push" sobre la economía, este debería impulsar la integración de la economía informal, por medio de canales de inversión en sectores de la economía que a priori no son formales.

Los países subdesarrollados han intentado vincular estas economías por medio de la promoción de microcréditos, brindando créditos para la inversión y con asistencia técnica.

A pesar de esto, siguen vigentes fuertemente las economías informales. Es tarea de los científicos y hacedores del estado, buscar nuevos canales, nuevas conexiones entre mercados formal e informal, para integrar al informal.

### 11. La inflación, el crecimiento económico y el desempleo, y su influencia sobre la economía Informal

No solo los agentes formales sino también los agentes informales se ven afectados y se benefician también de las principales señales del mercado. Solamente se detallarán tres de ellas: la inflación, el crecimiento económico, o aumento porcentual cuantitativo del producto interno bruto, y el crecimiento de la masa de trabajadores, medido por la población económicamente activa.

La acción de la inflación sobre la economía depende del porcentaje en que se encuentre, es decir, si es alta o baja. La barrera de los dos dígitos es el parámetro para clasificar estas magnitudes.

Por lo tanto, una inflación baja fomenta fuertemente la actividad económica, de hecho, es producto de la fricción entre oferta y demanda agregadas. En estos casos los agentes informales, no ven afectado su poder adquisitivo ya que el crecimiento de sus beneficios superan los costos inflacionarios.

En contextos de alta inflación, sus ahorros se ven fuertemente afectados, teniendo que hacer circular más rápidamente sus billetes y monedas. Esto puede llevar a situaciones de excesos de consumo, perjudicando la economía del agente informal. No teniendo ningún resguardo de sus ahorros.

En lo que respecta al crecimiento económico o decrecimiento económico, el aumento de la actividad nacional conlleva la posibilidad de integración de la economía informal. En algunos casos, se logran niveles de beneficios que permiten cubrir los costos de entrada a la economía formal.

En épocas de ralentización de las economías y crisis financieras, florece la economía informal. La solidaridad, los oficios y el actuar por fuera del sistema, es sinónimo de supervivencia. Los agentes informales no pagan el costo de sostenimiento del sistema estatal. Finalmente, se presenta la evolución de la masa de trabajadores como indicador que impacta sobre los agentes informales. Mayores niveles de empleo en la economía hacen que, sin duda, se absorban trabajadores del mercado informal. Para esto, el tiempo de formación de los trabajadores informales es crucial. El costo de su preparación la puede asumir el agente informal o el mismo emprendedor que contrata.

### 12. Las crisis económicas y la economía Informal

Desde la crisis financiera mundial del 2008, se han escrito importantes estudios sobre la historia de las crisis económicas. De esta forma, se dedicará este capítulo a vincular la reacción de las economías informales ante las crisis económicas holísticas o generalizadas en economías nacionales.

El principal concepto es que la economía informal sirve de amortiguador de las grandes caídas de producto interno bruto. Financieramente, las familias se prestan dinero a tasas de interés cero. Surgen economías locales solidarias entre los vecinos. Se concientizan los agentes informales que creando una red de contactos pueden ofrecer sus bienes y servicios, sin recurrir a mecanismos formales.

Como se mencionó anteriormente, las economías informales poseen mayor número de emprendedores o trabajadores con oficio, por lo que el espíritu emprendedor ayuda fuertemente a sobrellevar las crisis, creando oportunidades.

### 13. Conclusiones

Si bien la Economía informal tiene aspectos negativos como son la competencia desleal, la evasión impositiva y la falta de calidad en los empleos laborales, los aspectos positivos son mucho más relevantes y beneficiosos, sobre todo en épocas de crisis. La existencia de economía informal en épocas de crisis es inevitable.

En definitiva, aun sin poseer un trabajo de calidad como es el formal, los agentes informales tienen que vivir y progresar. Es deber del Estado ofrecerles un horizonte de mayor dignidad e integración al de los demás individuos de la sociedad.

Sin embargo, si la interacción puede tener aspectos positivos en el corto plazo, en el largo plazo un gran tamaño de economía informal es perjudicial para la economía en su conjunto.

## Capítulo 7: Objetividad dentro de la Subjetividad

Como tema adicional, se incluirá un análisis matemático, donde se observa que a pesar de las subjetividades que todos pretendemos percibir, siempre algo "objetivo" se puede encontrar.

Comúnmente se analiza a la realidad por medio de dualismos totalmente opuestos entre sí sin ninguna intersección en sus conceptos. Algunos ejemplos son: Verdad y Mentira, Amor y Odio, Calor y Frío, Luz y Oscuridad, Noche y Día, Justo e Injusto, Enfermo y Sano, Bueno y Malo, Caro y Barato, etc.

Este dualismo se presenta también en la observación o análisis de objetos de estudio desde dos puntos de vista totalmente opuestos. Por ejemplo al observar una moneda en su anverso o reverso, cara o ceca, o a una persona de frente o de espaldas, etc. Es decir que una persona que analiza un bosque desde una punta no conoce del bosque lo mismo que otra persona que es observadora desde una punta totalmente opuesta.

Es fácil deducir que si un observador no puede estar en dos lugares a la vez y el objeto posee dos caras el análisis sobre el objeto de estudio es subjetivo porque depende en qué posición esté el observador, se tendrán dos opiniones diferentes del objeto.

Con un ejemplo, puede entenderse mejor lo que se intenta explicar. Un caso es el que dos observadores observan la disposición de matafuegos de una oficina u otros elementos desde dos ángulos totalmente opuestos. La pregunta que se puede postular entonces, es cómo disponerlos de forma que los observadores tengan un mismo punto de referencia, desde cualquiera de las dos posiciones.

Ahora bien, si se nos presenta la siguiente situación obtendremos conclusiones parcialmente distintas a las del ejemplo inicial. Si en un pasillo hay tres matafuegos en la pared y una entrada a los baños, entonces diremos que la misma se encontrará "objetivamente" en el segundo matafuego mire donde lo mire si la entrada a los baños se encuentra al lado del matafuego del medio, es decir en la mediana de tres. O sea, desde dos puntos de vista subjetivos se encuentra la misma visión "objetiva" del objeto de estudio que es la referencia de la entrada al baño en el pasillo.

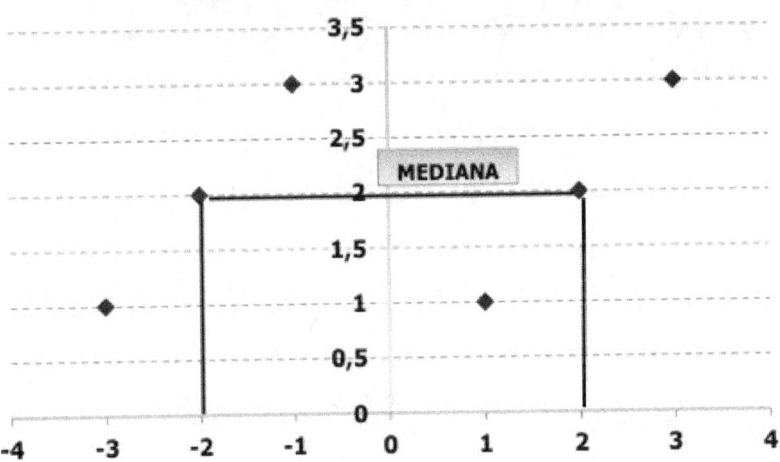

### Caso 2 Observadores

En el gráfico se observa que para ambos observadores (dominio de números positivos, uno, y números opuestos o negativos, el contrario) la posición en que ambos tienen el mismo dominio en valores opuestos (porque se considera la observación contraria desde el punto de vista de uno de los agentes), es la mediana, es decir el 2.

Es decir que si tomamos la función con la imagen de enteros positivos consecutivos con su último término impar y con un dominio conformado por los mismos enteros positivos y los negativos de esos números enteros positivos, tendremos que la resolución de dónde se sitúa la puerta del baño objetivamente para los dos puntos de vista, será la mediana.

#### 1. Caso de múltiples observadores.

Para el caso de 6 observadores con visión en forma de estrella, respetando la mediana en 2 para todos los agentes con el mismo centro, la representación gráfica sería la siguiente:

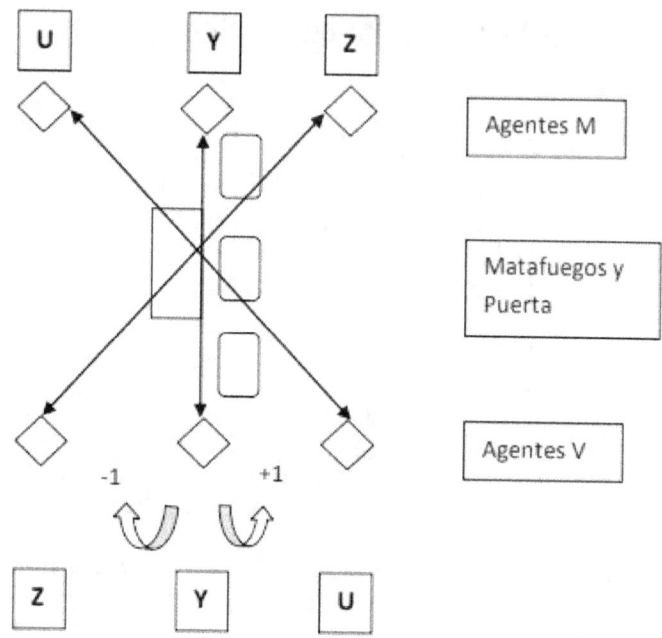

La tabla de valores se conformaría de la siguiente forma:

| Punto de Vista M | X | Y | U | Z |
|---|---|---|---|---|
| | 1 | 1 | 0 | 2 |
| | 2 | 2 | 2 | 2 |
| | 3 | 3 | 4 | 2 |

| Punto de Vista V | X | Y | U | Z |
|---|---|---|---|---|
| | -1 | 3 | 4 | 2 |
| | -2 | 2 | 2 | 2 |
| | -3 | 1 | 0 | 2 |

Mientras que en los ejes cartesianos se verían las siguientes funciones:

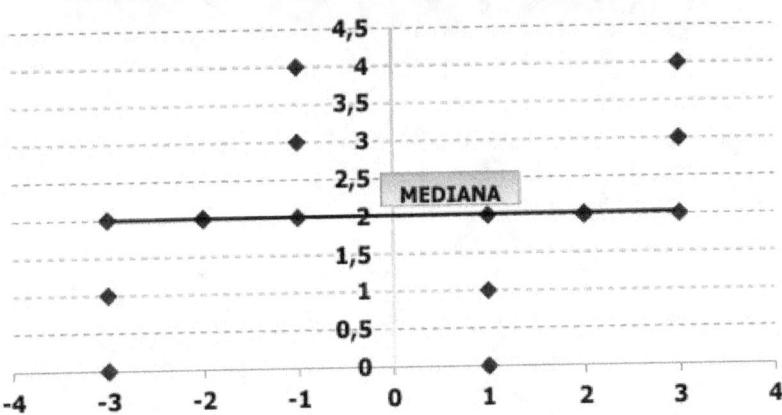

## 2. Aplicaciones

Una aplicación puede ser para el caso de la señalización donde se decida poner "la entrada del baño" para facilitar su referencia, por ejemplo entre muchos matafuegos. Si fueran siete, sería el cuarto, más allá de la distancia física entre los mismos.

Otra aplicación puede ser la de encontrar una forma de medida central a sistemas físicos, económicos, sociológicos, donde se contraponen visiones, es decir, aquellos que se construyan en base a visiones subjetivas.

Finalmente, puede ser utilizado en señalizaciones del sistema de transporte. Por ejemplo en
trenes que transitan por diferentes carriles paralelos, en sentido contrario.

Una forma diferente de ver la situación:

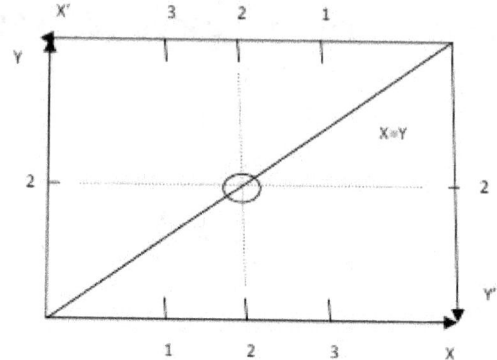

## Palabras de Cierre

En el presente, las crisis nos gobiernan. Es importante no dejarse llevar por el torbellino de información que en muchos casos nos confunde por su contradicción natural. El crisol de opiniones, por supuesto, enriquece, pero es central desarrollar un pensamiento crítico para poder elegir lo que mejor nos hace personalmente como humanos y sociedad. Y en consecuencia apoyar esos conceptos y pregonarlos.

En el presente libro se intentó poner sobre la mesa temas que no se mencionan frecuentemente pero que hacen a la estructura de cualquier sociedad. Desigualdades, Crecimiento, Monedas e Informalidad, hoy la integración llama a nuestras puertas más que nunca, esperemos escuchar la llamada.

Empezando por el final, encontrar objetividad dentro de tantas realidades subjetivas, es un compromiso que tenemos que asumir. La verdad tiene que ser el horizonte y seguramente sea única, a pesar de sus diferentes facetas subjetivas. En tiempos de crisis la informalidad sigue presente, y aún más, funciona como válvula de escape a situaciones económicas complejas. Entre las tantas crisis económicas, se encuentra la de las monedas, las cuales pierden su estabilidad en torno a un equilibrio y hacen daño sobre la estructura económica. Sin duda, tendremos que volver a hablar de estructura económica, ya que el mundo se ha vuelto bi estructural. Al este del globo, el sector manufacturero, al oeste, principalmente financiero. Aquí se habla de la importancia de la diversidad y la diferencia para conformar una estructura económica sólida. Diferenciándose se hacen los individuos de un país.

## Bibliografía

1. Sen, Amartya y Foster, James, "La Desigualdad Económica", Fondo de Cultura Económica, Ciudad de México, 2001.
2. Atkinson B. Anthony, "Desigualdad, ¿Qué podemos hacer?", Fondo de Cultura Económica, Ciudad de México, 2016.
3. Benegas Lynch (h), Alberto, "A propósito del conocimiento y la competencia: punto de partida de algunas consideraciones hayekianas", Academia Nacional de Ciencias Económicas, Instituto de Economía Aplicada, Buenos Aires, 2003.
4. AKERLOF, G. A. (1970): "The Market for "Lemons": Quality Uncertainty and the Market Mechanism", The Quarterly Journal of Economics, Vol. 84, No. 3., pp. 488-500.
5. BARRO, R.J. y SALA–i–MARTÍN, X (1995): "Economic Growth", (McGraw-Hill), 539 pp.
6. BEN – PORATH, YORAM. (1967): "The Production of Human Capital and the Life Cycle of Earnings, Journal of Political Economy", Vol. 75, No. 4, Part 1, pp. 352-365
7. BUCHANAN, J. M. (1965): "An Economic Theory of Clubs", Economica, New Series, Vol. 32, No. 125, pp. 1-14
8. ELÍAS, V. J. (2001): "El pensamiento de Robert Solow". Academia nacional de Ciencias Económicas, Serie Seminarios.
9. FREEMAN III, M., HERRIGES, J. A., KLING, C. L. (2014): "The measurement of environmental and resource values: theory and methods", third edition, RFF Press.
10. HARROD, R.F. (1939): "An Essay in Dynamic theory", The Economic Journal, Vol. 49, No. 193, pp. 14-33.
11. GALOR, O. (1996): "Convergence? Inferences from theoretical models", The economic journal : the journal of the Royal Economic Society. - Oxford : Oxford University Press, ISSN 1468-0297, ZDB-ID 3025-9. - Vol. 106.1996, 437, p. 1056-1069
12. HASS, G.C. (1922): "Sales prices as a basis for farm land appraisal", Technical Bulletin of the University of Minnesota, Agricultural Experiment Station, nº 9.
13. HOUTHAKKER, H. (1952): "Compensated changes in quantities and qualities consumed", Review of Economic Studies, vol. 19, nº 3, pp. 155-164.
14. ISLAM, Nazrul (1995): "Growth Empirics: A Panel Data Approach", The Quarterly Journal of Economics, Vol. 110, No. 4 (Nov., 1995), pp. 1127-1170.
15. LANCASTER, K.J. (1966): "A new approach to consumer

theory", Journal of Political Economy, nº 74, nº 2, pp. 132-157.
16. LANCASTER, K.J. (1971): Consumer Demand: a New Approach, Columbia University Press, Nueva York.
17. LANCASTER, K.J. (1979): Variety, Equity and Efficiency, Ed. Basil Blackwell, Oxford.
18. MANKIW, G. N., ROMER, D., WEIL, D. N. (1992): "A contribution to the empirics of Economic Growth", The Quarterly Journal of Economics.
19. MINCER, Jacob (1958): "Investment in Human Capital and Personal Income Distribution", Journal of Political Economy, vol. 66, 281.
20. MUTH, R.F. (1969): Cities and Housing, University of Chicago Press, Chicago.
21. ROMER, D. (1996): " Advanced macroeconomics", New York, McGraw-Hill.
22. ROSEN, S. (1974): "Hedonic Prices and Implicit Markets: Product Differentiation in Pure Competition", The Journal of Political Economy, Vol. 82, No. 1., pp. 34-55.
23. SOLOW, R. (1956): "A Contribution to the Theory of Economic Growth", Quarterly Journal of Economics 70, no. 1, 1956.
24. SOLOW, Robert Merton (1957): "El cambio tecnológico y la función de producción agregada", Revisión de Economía y Estadística. 39 (3): 312-20.
25. TRIPLETT, J.E. (1969): "Automobiles and hedonic quality measurement", Journal of Political Economy, nº 77, pp. 408-417.
26. TRIPLETT, J.E. (1986): "The economic interpretation of hedonic methods", Survey of Current Business, vol. 66, nº 1, pp. 36-40.
27. TRIPLETT, J.E. (1989): "Price and technological change in a capital good: a survey of research on computers", en Jorgenson, D.W. y Landau, R. (eds.), Technology and Capital Formation, MIT Press, Cambridge.
28. Bruno, Michael y Fischer, Stanley (1987), "Seigniorage, operating rules and the high inflation trap", Working paper No. 2413, National Bureau of Economic Research, Cambridge, MA.
29. Cagan, P. (1956), "The Monetary Dynamics of Hyper-Inflation", en M. Friedman (ed.) Studies in the Quantity Theory of Money, The University of Chicago Press, Chicago.
30. Muth, J. (1961), "Rational Expectations and the Theory of Price Movements", Econometrica, 29, pp. 315-335. Existe una

traducción al castellano: "Expectativas racionales y teoría de los movimientos de precios", Revista Española de Economía (1979), Julio-Septiembre, pp. 123- 148.

31. CAF, Banco de Desarrollo de América Latina, Barreras a la formalización: evidencia para Bolivia, Agosto 2017.
32. Carr, Marilyn y Alter Chen, Martha, Globalization and the informal economy: how global trade and investment impact on the working poor, WIEGO, Mayo 2001.
33. García Díaz, Miguel Ángel, Principales causas de la economía informal y algunas soluciones, OIT, Octubre 2013, Ciudad de Panamá.
34. Oficina Internacional del Trabajo, Ginebra, La transición de la economía informal a la economía formal, Conferencia Internacional del Trabajo, 103.ª reunión, 2014.

---

[1] Freeman, Herriges y Kling (2014), hacen desarrollos más exhaustivos de modelos con bienes hedónicos.

www.ingramcontent.com/pod-product-compliance
Lightning Source LLC
Chambersburg PA
CBHW070425240526
45472CB00020B/1326